英伦历史漫步

[日] 中岛俊郎 著
丁丽阳 译

グランド・ツアーから
庭園文化まで

英国流
旅の作法

探寻
世外桃源
之旅

人民文学出版社
PEOPLE'S LITERATURE PUBLISHING HOUSE

图书在版编目（CIP）数据

英伦历史漫步：探寻世外桃源之旅／（日）中岛俊郎著；丁丽阳译．－－北京：人民文学出版社，2024
　ISBN 978-7-02-018457-6

Ⅰ．①英⋯ Ⅱ．①中⋯ ②丁⋯ Ⅲ．①英国－近代史②英国－现代史Ⅳ．① K561.4

中国国家版本馆 CIP 数据核字 (2024) 第 019017 号

责任编辑　朱韵秋
装帧设计　陶　雷
责任印制　张　娜

出版发行　人民文学出版社
社　　址　北京市朝内大街166号
邮政编码　100705

印　　刷　三河市鑫金马印装有限公司
经　　销　全国新华书店等

字　　数　160千字
开　　本　880毫米×1230毫米　1/32
印　　张　8.25　插页2
印　　数　1—6000
版　　次　2024年7月北京第1版
印　　次　2024年7月第1次印刷

书　　号　978-7-02-018457-6
定　　价　59.00元

如有印装质量问题，请与本社图书销售中心调换。电话：010-65233595

目　录

序章　乡村与英国人

时至今日，英国对许多日本人依然有着莫大的吸引力。如果问一个日本人，他最想去英国的哪里，很多人都会说是湖区①，也有些人可能会回答科茨沃尔德②。光是听到这些地名，便会使人联想到比得兔③和华兹华斯④，也一定有人会被唤起在温德米尔湖⑤畔优雅地享受下午茶的美好回忆。或许，耳边还会回响起淙淙溪流声，小溪流淌过至今仍然笼罩着中世纪气息的恬静的村庄。有绘画天赋的人可能会苦思冥想，要怎样才能画出透纳⑥笔下乳白色的雾气。不过

---

① 湖区（Lake District），位于英格兰西北部。比得兔和威廉·华兹华斯的故乡都是英国湖区。——若无特殊说明，本书脚注均为译注。

② 科茨沃尔德（Coswolds），位于英格兰中南至西南部，被称作"英格兰的心脏"。

③ 比得兔（Peter Rabbit），英国女作家暨插画家比阿特丽克斯·波特（Helen Beatrix Potter）所出版的童书《比得兔的故事》（*The Tale of Peter Rabbit*）的主角。又译彼得兔。

④ 威廉·华兹华斯（William Wordsworth，1770—1850），浪漫主义诗人，湖畔派诗人代表。

⑤ 温德米尔湖（Windermere Lake），英格兰最大的天然湖。

⑥ 指威廉·透纳（William Turner，1775—1851）。——编注

也有人觉得，这种乡下地方实在不值一提，说到流行最前线，果然还得是伦敦。

当被问及想在英国做什么事情，可能会得到这样的回答："做做园艺的生活是我的理想……啊，但比起在院子里倒腾泥巴，我更想在绿意盎然的地方，吹吹风、走走路。"吹吹风和走走路，这两项活动在日本都得到了强烈支持。日本盛行为了健康而发起的步行活动，活动组织规模庞大，活动指导手册上生动活泼地写着："享受行走吧，看看彩色的风！"

18世纪，英国人也怀着类似的心态行走。他们建造出景观风格独特的园林，发现了湖区，而伦敦也成为世界都市。

对日本人有莫大吸引力的湖区和伦敦，还有受人喜爱的园艺、步行、风景画等有一个共通点，那就是"乡村"（countryside）。风景式园林最终成为英式园林的代表"出口"到全球各地，风景画也在法国艺术界掀起风暴。乡村成了文学创作的缪斯与浪漫主义的源头。

到英国旅行的人，从车窗眺望田园风光时会感到内心平静。身在此乡的平静。而英国人比任何人都更了解乡村的精神疗愈能力，乡村是英国人的灵魂归宿。乡村不仅因其蕴含着丰富的精神力量为人熟知，它作为智慧之源也催生了许多艺术作品。英国的乡村，也是拉丁语诗人维吉尔 ① 在《牧歌》中歌颂的理想之乡阿卡迪亚

---

① 即普布留斯·维吉留斯·马罗（Publius Vergilius Maro，前70—前19），通称维吉尔，古罗马国民诗人，代表作《牧歌》（the Eclogues）。

（Arcadia）。乡村能给人带来精神的慰藉，又能启迪人类的智慧。

18世纪前，乡村已经作为创作力的源泉发挥着作用，但18世纪后，人们才开始积极承认它对心灵的治愈能力。这种感觉的演变，并不仅仅是英国人造成的，它是英国旅行文化所传递和培养的价值观的产物。

本书重点介绍的是18世纪的旅行文化，那时，跟随铁路建设而发展起来的大众旅游还没诞生。不过，我们的研究方法并不是按照时间顺序追踪旅行的形态，而是把关注的重点放在作为理想形象的"世外桃源（阿卡迪亚）"和其母体"田园（乡村）"的演变上。一言以蔽之：探讨旅行文化的流变，追寻田园的深意。

如前所述，本书将聚焦从1730年到1830年 —— 直到托马斯·库克①的铁路大众旅游兴起 —— 旅途（travel，重点是从一个地方到另外一个地方的路途）向旅行（trip，重点是到达目的地并进行活动）的转变；描述百年间"旅"之变迁，并尝试解读旅行派生出的种种文化现象。在这一尝试中，引导读者阅读之旅的关键词是"阿卡迪亚"和"乡村"。当然，二者不仅仅是英国独有的瑰宝，而且也是西欧古典文化的精神支柱。今天，许多来到英国的旅行者，看到广阔的乡村，便格外有身在英国的实感。那么，乡村为什么会成为英国的"标签"呢？乡村如何成为英国人的审美意识甚至精神支

---

① 托马斯·库克（Thomas Cook，1808—1892），英国商人，以创立Thomas Cook & Son旅行社最为人所知。

柱？ 让我们通过旅行文化的各方面来探讨它的本质吧。

在第一章，我们要探讨旅行文化的第一个案例 —— 壮游（Grand Tour）。为了增加知识修养，英国贵族踏上了前往艺术之乡意大利的路，去寻求希腊与拉丁精神根源的滋养，也正是18世纪的英国人将壮游升华为制度。

壮游作为"看不见的学院（academy）"发挥着作用。古拉丁诗人维吉尔在这种旅行文化的根基之上，光芒四射，持久闪耀。维吉尔的影响力贯穿了整部欧洲思想史，在重要性上，大概只有荷马与他不分伯仲。他在诗集《牧歌》中，对阿卡迪亚这个世外桃源大加赞美。壮游者们受到克洛德·洛兰①、尼古拉·普桑②等知名画家的古典主义风景画影响，形成了褒扬乡村自然静谧之美的倾向，英国18世纪的精神土壤环境由此形成。

在壮游这一旅行文化中，最重要的是以旅行为媒介，人类的知识体系得以融会贯通。人与人的邂逅会激发出知识的新活力，通过意大利之旅而结识的友人们，其不同的知识领域彼此碰撞，不经意间就能迸发出专业研究交融的火花。画家约翰·佐法尼③的名作《乌菲兹美术馆收藏室》（*The Tribuna of the Uffizi*），描绘了美术馆陈列

---

① 克洛德·洛兰（Claude Lorrain, 1600—1682），法国画家，卒于意大利罗马，自他开始，法国才有了真正意义上的风景画。

② 尼古拉·普桑（Nicolas Poussin, 1594—1665），法国巴洛克时期重要画家，17世纪法国古典主义绘画的奠基人。

③ 约翰·佐法尼（Johann Zoffany, 1733—1810），德国新古典主义画家，英国皇家美术学院创建人之一。

室里熙熙攘攘的壮游者，确实让我们重新认识到18世纪时，人们的旅行如此多彩多姿。

如果解读一位将世外桃源作为理想的独行旅人，就能通过这一剖面来观察壮游文化了。与分析佐法尼（群像）绘画的方法相反，这次我们将目光聚焦于一位旅人，借由分析他，让他所处的世界从历史背景中浮现。他就是威廉·汉密尔顿（William Hamilton，1730—1803）。我们得以窥见，正是他身具的伟大知识修养使壮游得以实现。他在意大利那不勒斯生活了36年，担任壮游者的向导，发挥了类似英国驻意大利"领事馆"的功能。他的一生正是壮游的缩影，而他自己也是追寻希腊与拉丁文化精神的壮游者典范。

拿破仑战争开始后，迫于战事的外部压力，此前从英格兰向国外辐射的旅行热，开始折返，向英国国内的"外国"——苏格兰和威尔士地区反向辐射。随着时代变迁，旅行者的阶层已经从有限的贵族阶级扩大到富裕的诸侯士绅阶层。新出现的旅行者除了想在庭园中再现画中所见的世外桃源阿卡迪亚，也想找到英国的世外桃源。这就是我们将在第二章中讨论的"如画之旅"①。"如画"（picturesque）的意思是："美丽可入画，像画一样美。"当人们在湖区发现了风景如画的世外桃源，旅行的概念就产生了。

英国是以平原为主的国家，拥有山谷和陡峭丘陵地形的威尔士

---

① 即 picturesque tour，学界另译"画境游"，本书选取更易懂的"如画之旅"这一翻译方式。——编注

和湖区，被当成是"外国"的风景。例如，瓦伊河谷（Wye Valley）成了旧梦重温的场所，人们可以在国内重拾自己在壮游时所培养的丰富感受。湖区也是如此。人们的脑海中不断浮现出风景画般优美的景色，产生了想要亲眼观赏美丽风光的想法。为寻找如风景画般的美景，如画之旅成了一种时尚。特别是以湖区为目的地的旅行者，都在寻找克洛德·洛兰等人在风景画中所描绘的世外桃源。此时出现了这样的画作：在温德米尔湖畔描绘古罗马废墟样貌。湖区颠覆了南欧让人体验到的世外桃源幻想，人们转而追寻如画美（picturesque beauty）的旅行。接着，风景画滋养出的审美意识逐渐实体化，即风景式园林的诞生。英国引以为傲的庭园文化在欧洲范围内得到了广泛传播。另外，美学评论家吉尔平 ① 及其拥趸们倡导的如画美审美理论，由于人工性太强，成为了众人讥讽的对象。讥讽吉尔平的《句法博士如画之旅》② 和园林文化一样风靡一时，席卷欧洲，但我们不能忘记，这种热潮实际上是由流浪汉小说 ③ 的文学传统支撑的。

随着时代的变迁，变快的马车速度促使旅游的形式发生转变。此时，人们开始强烈关注最原始的旅行形态 —— "行走"。 第三章

---

① 即威廉·吉尔平（William Gilpin，1724—1804），英国艺术家，英格兰教会神职人员和旅行作家。

② 即 *The Tour of Dr Syntax in Search of the Picturesque*，英国作家威廉·库姆（William Combe，1742—1823）著，讽刺吉尔平倡导的"如画"美学。

③ 流浪汉小说（Picaresque novel），又译"恶汉虚构小说"，16 世纪发源自西班牙，17、18 世纪流行于欧洲。

的主题是"徒步旅行（pedestrian tour）"，在风景秀丽的田园、山岳、原野中被积极推行，在艺术上促进了浪漫主义的兴起。在乡村行走的徒步主义（pedestrianism）在众多思想家的思辨支持下，不久就演变为步行活动，为现代生态旅游、绿色旅游奠定了基础。在这一背景下，罗伯特·路易斯·斯蒂文森（Robert Louis Stevenson，1850—1894）的游记《携驴旅行记》（*Travels with a Donkey in the Cévennes, An Inland Voyage*）汇集了各种形态的旅行方式，并向读者展示了它们的不同变体。书中讲述了主角在法国南部山区进行修道院巡礼，并非无忧无虑的漫游，而是一次自我反思的旅行，也是一次试图忠实地重现原始旅程形态的精神之旅。旅行教会了旅人：虽然在不同的土地上寻找他者，但真正找到的是自己。这也是一次寻找自己内心"世外桃源"的旅程。

　　"步行"具有精神性和身体性两面，二者密不可分。如果说以思考和冥想为手段的思想家"行路者"斯图尔特①和威廉·考克斯②等人是体现了步行精神的旅人，那么诗人威廉·华兹华斯则是以对步行的精神信仰当作自己生活的指导原则，并将其提高到诗歌创作根本原理的行者。追寻同时代浪漫派诗人的行走轨迹固然有趣，但我们同样也该注意亲身实践了"徒步旅行"的詹姆斯·普伦普特里③牧

① "行路者"斯图尔特（John "Walking" Stewart，1747—1822），英国哲学家和旅行家，曾从印度马德拉斯（他曾担任东印度公司文员）徒步返回欧洲。

② 威廉·考克斯（William Coxe，1748—1828），英国历史学家和牧师。

③ 詹姆斯·普伦普特里（James Plumptre，1771—1832），英国牧师、剧作家。

师，他在如画热潮中周游了英国湖区，对刚刚萌生的浪漫主义与旅游产业做了细致观察，并以敏锐的视角关注到世外桃源的变迁。经历了第一次工业革命，英国国力长足发展。放眼欧洲，可以说英国在地缘上的优越性和独立性已经萌芽，与民族主义同根同源的"英国性（Englishness）"诞生了。

与18世纪旅行有关的文化现象中，最值得注意的是：在人们从"乡村"探求风景之美时，也有旅人将目光投向了都市，出现了在都市里探访与漫步的行为。本书第四章"伦敦之旅"将聚焦这一现象。经过第一次工业革命，伦敦发展为国际大都市，并且成为世人对英国价值判断的文化标杆。

此时，桂冠诗人罗伯特·骚塞 ① 敏锐地感受到了英国国家力量正在崛起，他"化身"为西班牙旅人唐·曼努埃尔·阿尔瓦雷斯·埃斯普里拉 ②，步伐遍及英国各地，热情讴歌着英国性，而推崇英国性的根源正是民族主义。很快，在体现了英国性的大都市伦敦四处游览，并把游历的体验写成游记成为一种时尚，市面上出现了很多伦敦游记。在都市中，人们对世外桃源的追求，也以"城市花园（town garden）"的形式绽放出光彩。通过栽培植物、建造庭院等行动，人们创造了都市中的世外桃源。

---

① 罗伯特·骚塞（Robert Southey，1774—1843），英国浪漫主义诗人，湖畔派诗人之一。

② 罗伯特·骚塞的作品《西班牙旅人唐·曼努埃尔·阿尔瓦雷斯·埃斯普里拉的英国来信》（*Letters from England: By Don Manuel Alvarez Espriella, Translated from the Spanish*）是以西班牙旅行者身份撰写的书信集。

乡村在英国人的意识中发生了复杂的形态变化，升华成为人们频频回头欣赏的风景。《乡村生活》(*Country Life*)是一本展示阿卡迪亚和乡村的概念与内涵的杂志，已经有超过百年的历史。最后一章，我们将通过这本杂志，一起看看19世纪以来阿卡迪亚与乡村的意象是如何演变至今的。它应该能够告诉我们：乡村不仅是国家的象征，同时也是英国人不断回归的精神世外桃源。此外，乡村也向我们展示着，在从今往后多元文化主义丰富多彩的价值观中，阿卡迪亚的精神将如何存续与发展。

第一章　追寻理想乡的壮游

制度的诞生

贵族子弟步入社会之前进行被称为"壮游（Grand Tour）"的旅行，是他们接受教育的最后一环。这是一趟以艺术熏陶和学术精进为目的的旅行。贵族子弟要出国去学习新的知识，前往自己所学的古希腊和拉丁文学作品里描写的地方实地参观、欣赏美术作品等等。在欧洲境内，英国深受意大利文化的影响，因此意大利自然而然地成了英国贵族子弟的游学之地。也有一些壮游者不是为了学习人文知识，而是抱着观察外国的实际情况、了解政治形势等外交目的踏上旅途。

在英语中，"Grand Tour"一词最初被记载于理查德·拉塞尔斯①所著的《意大利之旅》（1670年出版）中。但在这本旅行书诞生前，

---

① 理查德·拉塞尔斯（Richard Lassels，1603—1668），罗马天主教神父、旅行作家，曾五次穿越意大利。

外交官托马斯·霍比（Thomas Hoby，1530—1566）、研究意大利的学者威廉·托马斯（William Thomas，约1524—1554）、旅行家菲内斯·莫里森（Fynes Moryson，1566—1630）、旅行家托马斯·科里亚特（Thomas Coryate，约1577—1617）等人都曾写过意大利的旅行指南书。18世纪初，数量庞大的意大利游记面世，势头宛如洪水暴发。这种游记的泛滥是前往意大利的旅行者数量增长的切实证明。

欧陆国家同样有"壮游"，但只有在英国，它成了一种惯例，并被上升到制度的高度。这种旅行虽被看作是文化修养之旅，但也可以说其中蕴含着能够代表时代的智慧。

法国哲学家蒙田在1580年表示，壮游能够打开人的格局。他说："旅行能消除国界的隔阂、凝聚人心、让人们产生共同的团结意识。"弗朗西斯·培根试图更进一步地思考旅行本身，他的话中透露出对壮游抱持的高度肯定态度。这位经验主义哲学的先驱这样阐述旅行的重要性："旅行对年轻人来说是一种教育，对于年长者来说则是一种阅历。"但他也做出了适当的提醒——不建议年轻人漫不经心地随意出发。连当地语言都不懂就到那里去的人不算是旅行，更像是去学校。不得不说，培根对于旅行的目的有着相当高的标准。壮游一定要有家庭教师的带领。对于即将展开学习的年轻人来说，家庭教师是不可或缺的，培根如此忠告。他建议，"年轻人在家庭教师与忠心的仆人的陪伴下开始旅行，是非常好的事"，他们的作用是教导年轻人应当"看怎样的东西、接近怎样的人"，如果没有家庭教师这样的指导者，"年轻人将像是被蒙住了眼睛，在国外几乎什么都看不到"。

另外，培根列举了对壮游者来说，为了增长文化修养应该去参观和观察的对象，包括王室宫廷、法庭、教堂、修道院、文化遗产、城墙、要塞、古迹、废墟、图书馆、大学、宅邸、庭院等。领队必须事先仔细研究要到访的地方，对当地举行的"表演、假面舞剧、庆祝宴会、婚礼葬礼、行刑处决"等事件，即使不作评价，也"不可忽视"，不能忘记外国日常生活中幽微的人情世故。此外，培根还告诫人们，万万不可不加以研究就盲目地全盘接收国外的见闻。他还强调，应该把"在国外学习的成果融入本国的风俗习惯"，绝不能忘记自己的立场，盲从外国的习俗。

"壮游"最为兴盛的18世纪中叶，约翰逊博士 ① 走在时代最前列。"宗教和艺术，所有这些将我们和野蛮人区别开来的东西都来自地中海"，前往地中海的旅行由此成为一种理所当然，或者说到访那块土地才是"旅行的首要目的"。不要忽略约翰逊博士的话中洋溢的泛欧主义 ②。他指出，即使是非常偏爱本国文化的英国也存在着"人这辈子不去一趟意大利，一生都会感觉自己低人一等"的想法，道破了意大利在文化和艺术领域显而易见的优越性。

---

① 指塞缪尔·约翰逊（Samuel Johnson, 1709—1784），常被称为约翰逊博士，诗人、散文家、传记家。

② 泛欧主义（Pan-Europeanism），将整个欧洲视为一个单一实体的意识形态，并以一体化或更大的统一为导向，主张统合欧洲的民族主义观点。

不难想象，约翰逊博士的话激励了年轻贵族子弟以意大利作为目标增长见闻，学习艺术、文学、历史、商业、外交、政治等知识。

爱德华·吉本 ① 也进行过壮游，并以亲身体验为基础写下了《罗马帝国衰亡史》（ *The History of the Decline and Fall of the Roman Empire* ）。他在书里更直接地谈到了壮游的意义。

吉本认为，旅行者不可或缺的条件包括这几点：首先，要激发足以忍耐路途劳顿，"坚忍不拔、生机勃勃的身心活力"；其次，要具备攀山渡河、探寻深渊，"永无止境的好奇心"；最后，要有"丰富的古典和历史文化知识"。

更具体地说，磨炼眼睛和耳朵会让意大利之行变得更有意思。更能体味所听音乐的趣旨、更会欣赏田园风光、更能抓到绘画的精髓、更能辨别出建筑的平衡有序，他强调，旅行者应当培养出"敏锐精准的眼力"。

吉本平静地叙述了自己通过旅行的经验得到巨大收获的瞬间："选择《罗马帝国衰亡史》这一主题基于我在意大利和罗马的亲身经历。1764 年 10 月 15 日傍晚，我正在方济各会教堂里沉思，听到了从卡比托利欧山 ② 废墟之上朱庇特神庙传来的晚祷声。"吉本将这一体验作为"受孕的地点和瞬间"刻在了脑海里（《吉本自传》③ ）。

---

① 爱德华·吉本（Edward Gibbon，1737—1794），英国历史学家。

② 卡比托利欧山（Campidoglio），罗马七山之一，其历史可以追溯到青铜时代晚期。

③ 即 *The Autobiography and Correspondence of Edward Gibbon the Historian*。——编注

旅行者为实现拓宽知识面这一壮游的目标去确定同行者。年轻的贵族子弟通常和家庭教师以及忠诚的家仆一起上路。法国旅行者对民俗学更感兴趣，而英国旅行者则深受风景、绘画（尤其是肖像画）的吸引。意大利是诗圣但丁、彼特拉克、米开朗琪罗、拉斐尔、维瓦尔第诞生的地方，伽利略也在这里研究科学，它对英国人产生了无上的感染力，甚至成为一种精神存在，象征职司土地的大地女神特鲁斯 ① 本身。就这样，意大利作为一种集体意识被纳入英国人的想象之中，这是令人瞩目的现象。"艺术殿堂"帕尔纳索斯山（Oros Parnassos）、"理想之乡"极乐世界（Elysium）的原野、盛产金苹果的赫斯珀里得斯花园（Garden of the Hesperides），这三者的形象，通过壮游者的旅行激发了英国人的想象力，并在他们的意识中牢牢扎根。

旅途中

纵观历史，早在伊丽莎白时代，人们就开始壮游了。诗人菲利普·锡德尼（Philip Sidney，1554—1586）在1572年至1575年进行的壮游是最典型的例子。起初，只有贵族才能进行这样的旅行，后来中产阶级也参与其中。虽然18世纪壮游更为盛行，但在此之前，

---

① 特鲁斯（Tellus），古罗马神话中职司土地的女性神祇。

图 1　与家庭教师和随从一起抵达目的地

一种感觉能力就已经逐渐成形，也正是这种感知力成就了后来的英国。外国文化流入本土文化，如何融合外来文化与本国文化是当时的新挑战。欧洲各国人都有壮游这一形式，但只有英国大力促进了壮游文化的形成，并且将其确立为一种制度。

　　1815 年滑铁卢战役后，这种旅行形式没能在欧洲的政局中得以保全，话虽如此，它也没有完全终结。比如说，有些壮游者会在拿破仑率军进攻意大利时，赶在部队前面去观摩战争的情景。他们一路跟到那不勒斯，那不勒斯陷落后，又追着拿破仑的脚步到了巴勒莫……因此，充满刺激的战场反倒成了旅行者非去不可的"观光景点"。别忘了，诗人拜伦也正是在壮游时来到了滑铁卢战场遗址，叩问了生命和旅行的意义。甚至还有壮游者出于好奇，到地中海上的厄尔巴岛去见被流放到那里的拿破仑。

随着铁路的发展以及托马斯·库克所提出的"旅行民主化"不断推进，壮游存在的意义逐渐消失了。旅途（travel）变成了旅游（trip），人人都能上路。在这层意义上，后来的英国首相威廉·格莱斯顿（William Gladstone，1809—1898）引入每英里一便士的火车票定价，使旅行得以普及到民众之间，让它的形式发生了决定性的变化。

壮游的路线从出发到目的地大致相同。首先抵达法国的加莱，然后横穿法国。如果走陆路，就要翻越阿尔卑斯山；如果走海路，就取道马赛进入意大利。旅行者南下抵达那不勒斯和西西里，但无法接近希腊，因为它还处于奥斯曼帝国的统治之下。此外，他们对西班牙和葡萄牙不太感兴趣，也几乎不会涉足东欧和北欧。意大利的各个城市是他们的目的地，以佛罗伦萨、那不勒斯、威尼斯等为代表，但无论如何，"永恒之城"罗马才是最重要的目的地。按照惯例，壮游者在去程和回程时会到访罗马各一次。壮游者主要前往意大利北部城市，但他们也会为了探寻文明的发源地而南下。1738年，因维苏威火山爆发遭掩埋的古城赫库兰尼姆（Ercolano）被发掘出土；1748年，同样掩埋在火山灰烬之下的庞贝古城也重见天日。从此，意大利南部同样引发人们的关注。旅行者涌向位于卢卡尼亚（Lucania）海岸的古希腊殖民城市帕埃斯图姆（Paestum）

所在的大希腊①。

壮游者们的归途也沿着几乎相同的路线往祖国进发。经由德国穿行荷兰、比利时，返回出发地多佛②。

怀抱着崇高理想向心驰神往的永恒之城罗马前进，确实令人们满怀期待、激动不已。不过，吉本把壮游的首要条件列为"毫不介意地微笑着忍受沿途包括交通和天气情况在内的一切艰苦"，这倒也不足为奇。无论是两座双轮马车还是大型驿站马车，都无法克服恶劣的路况。而且意大利的马车几乎都没有弹簧——可以想象，旅途的"劳苦"简直近乎某种酷刑。从英国多佛到法国，几乎所有的旅行者都要租借马车，但车轴断裂的情况并不少见。路况极度糟糕，旱季路面尘土飞扬；冬天水漫路面，人们不得不蹚水前进。为了越过阿尔卑斯山，便要放弃乘坐马车这一便利的交通手段。所有游记都不约而同提到了马的租金有多昂贵、车夫言谈和态度有多傲慢，以及住宿条件有多差、环境有多脏。

对流行病的恐惧也是令旅行者感到不安的大问题。实际上，人们一旦进入某片土地就会被"隔离"，滞留两周也是常有的事。举个例子，1722年从意大利拉韦纳（Ravenna）出发的爱德华·赖特③会随身携带两种不同的证明文件。其中一份证明文件上写着，出行者

① 大希腊（Magna Graecia），意大利南部沿海的古希腊城市群。
② 多佛（Dover），英国肯特郡的一个海港，距离法国加莱仅有33公里。——编注
③ 爱德华·赖特（Edward Wright），著有 Some Observations Made in Travelling Through France, Italy, &C, Vol. 1 of 2: In the Years 1720, 1721, and 1722。——编注

全员身体健康，表明他们之中没有鼠疫患者，用于进出城市。另一份证明文件上写着，出行者全员是病人。据说有了第二份证明，旅馆认定他们全是病人，就会提供"新鲜的肉类"。他们根据情况来使用这两份内容截然不同的健康证明。

说到证明，在国境和大区交界的海关必须出示各类通行证、许可证的麻烦事，也让旅行者倍感烦恼。查尔斯·伯尼 ① 在1770年的经历同样如此：在托斯卡纳出示了一次证件，在卢卡又要出示一次。接着又是托斯卡纳，再之后是摩德纳，最后在热那亚又被要求提交文件。

人人梦寐以求的艺术品，其交易中上也有很多陷阱。当时，从事古代艺术品修复的工匠主要分布在罗马及周边地区。雕塑家巴尔托洛梅奥·卡瓦切皮（Bartolomeo Cavaceppi，1716—1799）等人甚至以修复工作为生，而不是靠本职工作吃饭。是"真货"还是"赝品"，有时候是跟卖家协商决定的。不良勾当大行于市，甚至还有一些精心设计过的手法：把英国人制造的多彩宝石浮雕和凹雕（经过雕刻的珠宝）埋进角斗场里，让旅行者自己挖掘出来以取悦他们。进入19世纪，为了满足大批来到罗马的游客，甚至出现了工厂专门生产跟垃圾差不多的伪造品。

罗马的艺术品市场被两个英国人左右了半个世纪之久，他们

---

① 查尔斯·伯尼（Charles Burney，1726—1814），英国音乐史学家、作曲家、音乐家。——编注

图 2　挑选古代艺术品

的名字是托马斯·詹金斯（Thomas Jenkins, 1724—1798）和詹姆斯·拜尔斯（James Byres, 1734—1817）。他们俩曾立志要当画家，但后来却成了著名的古董商。出众的商业才能是二人的共通之处，不过詹金斯更希望获得社会地位，他甚至设法让罗马教皇接见了英国来的旅行者。而拜尔斯，也许因为他操着一口苏格兰方言，在这方面评价似乎不怎么样。但是作为艺术品商人，他拥有卓越的鉴赏眼光。拜尔斯曾让理查德·科尔特·霍尔爵士（Sir Richard Colt Hoare, 1758—1838）买下了路易·迪克罗（Louis Ducros, 1748—1810）的古典画，据说透纳看到画后大受感动，获得了很多灵感与启发。吉本请求"经验丰富、爱好多样"的拜尔斯做他在意大利的地陪向导，被带领到古罗马遗址参观，成为他书写《罗马帝国衰亡史》的开端。与拜尔斯相比，詹金斯在坊间留下了很多关于他大展身手的逸闻：某一年，他签下了5000英镑的合同，利润高达4000英镑。交易时，他展现出高超的"演技"，深深打动了英国旅人。成交的当下，他哽咽地说着和艺术品的"分离"让自己多么痛苦，声泪俱下。

旅行邀请

驱动人们进行壮游的一个重要原因就是游记。

伊丽莎白时代开始就有人写意大利游记了。外交官托马斯·霍比于1549年从英国出发，在佛罗伦萨、罗马、那不勒斯和帕多瓦度过了他的学术生涯。他的游记，详细记述了从城墙堡垒的建设和政治局势，到社会习俗、宗教、废墟遗迹和文艺复兴时期的雕塑。他将伦巴第①出身的文学家巴尔达萨尔·卡斯蒂廖内（Baldassare Castiglione，1478—1529）1528年初版的巨著《廷臣论》（*Il libro del Cortegiano*）翻译成英语出版，该书后来被评价为伊丽莎白时代最有影响力的文献。《廷臣论》以生活在乌尔比诺②宫廷里的年轻贵族与知识分子之

---

① 伦巴第（Lombardia），意大利北部大区，首府为意大利北部最大城市米兰。——编注
② 乌尔比诺（Urbino），位于北亚平宁山脉山脚下，被城墙环绕的城市，以文艺复兴时期留下的非凡历史遗产而闻名。——编注

间的哲学对话为基础，描绘了文艺复兴时期宫廷文化的典型场景和人物形象。卡斯蒂廖内的散文达到了16世纪意大利的最高水平，不过将它恰到好处、无懈可击地翻译为英语，无疑要归功于霍比爵士的壮游。《廷臣论》在英国出版后掀起了一波壮游热潮，激起了英国人对意大利所拥有的灿烂知识文化的憧憬，这是不容忽视的伟大功绩。

此外，在伊丽莎白时代的前后，还有一些同样促使人们踏上壮游路途的作品出版。例如，威廉·托马斯写下《意大利史》[①]（1549）。这本书的内容和它的书名不太一致。尽管书中的确有一些关于意大利历史的记载，但按照今天的标准，它应该属于"旅行指南"。这本书分为罗马、那不勒斯、佛罗伦萨、威尼斯等章节，每一章都根据城市的地理状况下笔。而且也正像一本旅行指南，作者自始至终是在客观观察的基础上进行通俗易懂的平实描写。这种马基雅维利式明确清晰的文笔是同时代的写作者所望尘莫及的。

17世纪介绍意大利的文本呈现了更近距离的观察。例如，旅行家托马斯·科里亚特写下的《科里亚特莽言》[②]（1611）鼓舞了年轻的贵族们前往欧陆各地旅行以振奋精神。书中写下了科里亚特通过亲身经历所获得的实地见闻，从风俗和社会习惯到当地的历史、政治，

---

① 即 *The history of Italy*，第一本关于意大利的英文书。——编注
② 原文为クルディティーズーフランス・イタリア紀行，即 *Coryat's Crudities: Hastily gobled up in Five Moneth's Travels*，另译为《科里亚特草稿》。——编注

甚至物价和饮食费用等，巨细靡遗，以至于这本书流传到20世纪都还有人阅读，称得上是意大利旅行必读名作。根据约翰逊博士的说法，科里亚特是詹姆斯一世 ① 宫廷里的一位滑稽喜剧作家，是一位"集学识、智慧与幽默于一身"的人物。他徒步横穿亚洲的旅行游记给18世纪的人们带来了很多见闻与启示。

18世纪后半叶，还有一本详细记录壮游经历的游记大受好评：旅行家帕特里克·布赖登（Patrick Brydone，1736—1818）的《西西里和马耳他游记》（*A Tour Through Sicily and Malta*，1773）。这本书不仅使众多壮游者将旅途的目的地南移，同时也告诉读者，写游记是一种乐趣。换句话说，它向读者发出了关于旅行的邀请。约翰逊博士虽然对布赖登的反宗教记述持有保留意见，但他也承认这部游记是值得信赖的优秀见闻文本。事实上，布赖登的意大利游记获得了读者的广泛喜爱。有个非常有意思的统计结果，从1773年到1784年，英国布里斯托图书馆的藏书中，布赖登的游记是被借阅次数最多的。因这本游记中关于火山和电力的记载与论述，布赖登在1773年被授予英国皇家学会院士的殊荣。不久，这本书被翻译成法语和德语，歌德还带着德语译本去意大利旅行。

---

① 根据历史时间，应为詹姆斯六世及一世（James VI and I）：苏格兰国王詹姆斯六世在伊丽莎白一世逝世后继承英格兰王位，称詹姆斯一世。

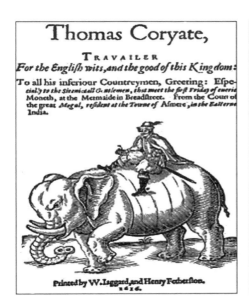
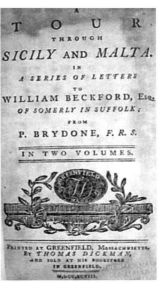

图3　科里亚特的游记　　　　　　图4　布赖登的游记

旅人群像

　　序章中指出，在壮游的过程中，连通知识的网络体系非常重要。依靠这张"网"，人与人沟通时，各类知识与信息也得以交换，并动态地产生和传播。拥有不同背景的壮游者能够展开自由开放、不受拘束的讨论，正是源于邂逅意想不到的人和事物。

佐法尼的《乌菲兹美术馆收藏室》

　　那么，我们用一幅名画作为参照系，来看看在意大利的土地上该网络体系如何呈现。佐法尼的《乌菲兹美术馆收藏室》描绘了乌菲兹美术馆的八角形陈列室①。乌菲兹美术馆在美第奇家族藏品的基础上，收藏了大量珍贵艺术名作，在整个欧洲都享有盛名。英王乔治三世和夏洛特王后②想欣赏这些杰作，但由于宗教原因，他们不能亲自前往佛罗伦萨，于是委托约翰·佐法尼画出八角陈列室。最后完成的作品，就是《乌菲兹美术馆收藏室》。佐法尼在这幅作品中出色地再现了各流派美术作品的风格，还颇费了一番功夫把美术馆里观众的视角也呈现出来，使画作更富有深度。特别是将旅途中的英国壮游者画进画里，可以说是佐法尼的创举。

我们可以将这幅画分解为三个部分。

正面中央偏右的第一组人物，以提香③的《乌尔比诺的维纳斯》（*Venus of Urbino*）为中心聚集在一起。其中，左手握剑聆听说明的贵族，正是英国驻佛罗伦萨的外交官霍勒斯·曼（Sir Horace Mann，1706—1786），胸前闪耀的巴斯勋章④彰显着他的威严气概。旁边用右手扶着画，向霍勒斯讲解这幅维纳斯画像的人是画家托马斯·帕奇（Thomas Patch，1725—1782）。可以看出，作者佐法尼在

① 八角形陈列室（The Tribuna），建造于 1581 年至 1583 年，结构为八角形，因为根据基督教传统，八是接近天堂的数字。

② 即索菲亚·夏洛特（Sophie Charlotte，1744—1818）。

③ 提齐安诺·韦切利奥（Tiziano Vecelli 或 Vecellio，1488/90—1576），常被简称为提香（Titian），意大利文艺复兴后期威尼斯画派的代表画家。

④ 原文为バース勲章，即 Order of the Bath，英国王室的一种荣誉勋章，由英王乔治一世于 1725 年设立。——编注

图 5 《乌菲兹美术馆收藏室》

创作中有效地运用了对比手法。例如，这幅维纳斯女神画像与放置在后方的摔跤手雕像（*The Wrestlers*）形成了对比。帕奇正在谈论这两者的审美价值，可能是在表达肌肉发达的裸体男性形象比女神的形象更具有艺术价值。他左手指着摔跤手的雕像，比起讨论艺术作品孰优孰劣，更像是在大谈自己的性癖好。

佛罗伦萨因其拥有的大规模图书馆和美术馆，吸引了众多旅行者前往。霍勒斯·曼在佛罗伦萨居住了近半个世纪，负责向英国本土通报意大利的政治动态。要梳理壮游这一现象的脉络，必须介绍霍勒斯·曼，他不仅名满天下，而且口碑甚佳。尤其是他对旅行者的盛情款待，宽慰了他们旅途中的孤独。许多游记、书信和报告都有所记载，被人们铭记于心。约翰·博伊尔①如此赞美曼的品性："霍勒斯为我们英国带来了荣耀。他为人宽宏大量、体贴入微，对同胞亲切有礼、满怀善意；他的行为彬彬有礼、举止颇有分寸，成为英国和意大利两国国民的光辉典范；没有人比霍勒斯更能赢得英国全体国民的尊重。他仿佛掌握了终结偏见、驯服戾气之道。"霍勒斯得到了高度评价：英国人的一切美德都体现在他身上。

逗留佛罗伦萨的旅行者几乎都会拜访霍勒斯的住所，并受到他的热情接待。不过霍勒斯是怎么来到佛罗伦萨的呢？另外，就算是为了给孤独的旅行者一些慰藉，他为什么能做到这种程度？

霍勒斯·曼1706年出生在伦敦，是一位商人的次子。家境富裕的他一直过着悠闲平稳的日子，但他在剑桥大学克莱尔学院②读书时患上了抑郁症，不得不中途退学。他天生体弱多病，直到晚年都没能摆脱抑郁症的困扰。他的父亲罗伯特·曼在肯特郡找了一大片广阔的地皮，想建一座府邸给儿子住，让他在那里把毛病养好。霍勒斯也很期待享受乡村绅士的生活，但他的身体情况始终不见好转。于是，父亲开始考虑异地疗养这个法子。如果让儿子在意大利的阳光下沐浴清新的空气，儿子的心理疾病一定也会被治愈 —— 他如此希望。但是，霍勒斯在离开祖国时还是满心悲怆。大概是做好了再

---

① 约翰·博伊尔（John Boyle，1707—1762），作家。

② 剑桥大学克莱尔学院（Clare College, Cambridge），剑桥大学现存第二古老的学院，创建于 14 世纪。

也无法回到故土的心理准备，抱着客死异乡的决心上路了。

1732年3月，他从那不勒斯出发，4月到罗马，6月到帕多瓦，7月到威尼斯，最后在1733年4月抵达了佛罗伦萨。不久后，佛罗伦萨发生了一件小事。看似微不足道，对霍勒斯来说却是决定他余生的大事。1740年4月，英国驻佛罗伦萨公使查尔斯·费恩被紧急召回本国，霍勒斯被提名为他的继任者。就算常年在意大利生活，普通情况下也不可能被任命为英国常驻公使，恐怕是罗伯特·沃波尔①这位友人当了霍勒斯的靠山，他才得以社会地位跃升。当时，英国没有向意大利派遣第一级的外交官，因此霍勒斯被赋予了向英国国内传达意大利的政治动向这一极其重要的任务。虽然霍勒斯的外交衔级不是最高级，但上天待他不薄，他被赋予了"盛情款待"这一天启。历史学家爱德华·吉本壮游途中，在佛罗伦萨遇到了霍勒斯，他在自传中将对霍勒斯的描述是："一位以精心准备的盛筵为英国旅客接风洗尘作为主要职责的英国公使。"

霍勒斯的传记作者说，从霍勒斯的面相就能看出，他是个顶顶善良的大好人。虽然不确定是面相造就了他的亲切和善，还是他对人的关怀体现在了外表上，但事实上，他对于英国人款待的级别，显然已经远远超越了通常意义上"使旅人在路途中感到宽慰"的程度。不管怎么说，霍勒斯已经在遥远的佛罗伦萨找到了安身之所。

———————

① 罗伯特·沃波尔（Robert Walpole，1676—1745），英国辉格党人，英国历史上第一位首相。

或者应该说，霍勒斯的意大利之旅已经成了他释放自我的世外桃源。

霍斯曼有一位画家密友，名叫托马斯·帕奇。帕奇出生于英国的埃克塞特，是外科医生的次子。他最初想学习药剂学，但后来决定跟随古代艺术品商人理查德·多尔顿（Richard Dalton，1715—1791）前往意大利，成为一名画家。1747年，也就是帕奇22岁那年，他在罗马与画家约书亚·雷诺兹（Joshua Reynolds，1723—1792）、建筑师马修·布雷廷厄姆（Matthew Brettingham，1699—1769）和雕塑家约瑟夫·威尔顿（Joseph Wilton，1722—1803）、西蒙·维尔皮尔（Simon Vierpyl，约1725—1810）等人结下了深厚的友谊。似乎也是在这段时间里，他从雷诺兹那里接受了讽刺画的启蒙，也是在这个领域，帕奇建立起自己作为画家的名声。帕奇在描绘罗马风光和海岸风景画而早早声名远扬的法国画家克洛德-约瑟夫·韦尔内（Claude-Joseph Vernet，1714—1789）的工作坊工作时，应沙尔蒙伯爵①的委托，画了许多罗马和蒂沃利②的风景画（1750—1751）。1753年，帕奇加入英国国家学术院，但到了1755年圣诞节，他因与同性恋相关的事件被教廷逐出了罗马。

帕奇在意大利各地流浪，最终来到佛罗伦萨。他靠着模仿老师韦尔内的风格画些风景画，还有临摹文艺复兴巨匠们的作品和风景

---

① 即詹姆斯·考尔菲尔德（James Caulfeild，1728—1799），第一代沙尔蒙伯爵。
② 蒂沃利（Tivoli），意大利中部城市，有中世纪城堡、文艺复兴式建筑的公园与罗马时代的建筑遗迹。

图 6　托马斯·帕奇笔下滑稽的旅行者

画来维持生计。壮游者们是帕奇的最佳客户，他们买了很多他的作品作为旅行的纪念品。除了绘画，帕奇似乎还推销古董。不久，对面相学抱有极大兴趣的帕奇，将作画类型从风景画和人物画转向了讽刺画。虽然他画了很多颇具讽刺意味的画，但这些画刻画了当年壮游者的生态，把它们作为文化史的研究资料也是非常有意思的。

　　那么，让我们继续说说前面那幅画。1772 年夏天，佐法尼应夏洛特王后的命令开始创作《乌菲兹美术馆收藏室》。1773 年底，这幅画就完成得差不多了，但由于之后佐法尼接受了几位贵族的作画委托，所以这幅大作被搁置了几年，一直处于未完成的状态。其间，画家的创作意向发生了某种转变，并将自己画进了马上完成的画中。画幅最左侧，两座雕像之间描绘的是第二组人物，他们正在讨论画布上拉斐尔所作的《母与子》（*Niccolini-Cowper Madonna*）。其中，拿着画布的就是佐法尼本人。为了画自画像，这幅作品一直推迟到1777年才完成。照射 X 光后，能清晰地看到之前作画的痕迹，可以分辨出作者的自画像是后来才画上去的。

画面上，站在佐法尼身边的人是考珀伯爵。乔治·纳索·克拉弗林 - 考珀（George Nassau Clavering-Cowper, 1738—1789）出生于伦敦，是名门望族的独生子。从伊顿公学毕业后，他在1757年和一位家庭教师一起踏上了壮游之路，以完成自己的学业。他遍游荷兰和德国，又在瑞士学习了两年，最终抵达佛罗伦萨，此时是1759年7月。在意大利的那不勒斯和罗马游历时，考珀对艺术的爱逐渐升温，他开始收集绘画作品。由于担心考珀会过度沉迷于绘画的世界，他的父亲和家庭教师打算让他回到佛罗伦萨接受正规教育。父亲想让他离开意大利，回英国成为一名国会议员。

然而，考珀对艺术的热情丝毫未减，甚至还委托安东·拉斐尔·门斯 ① 为他画肖像（分别在1769年、1773—1774年）。1764年，26岁的他继承了父亲庞大的遗产，从此成为佛罗伦萨社交界的大人物。这一时期，他委托朱塞佩·麦克弗森 ② 绘制肖像微缩画 ③，并在1766年被选为佛罗伦萨学院的院士。此外，他不应被忘记的贡献还

---

① 安东·拉斐尔·门斯（Anton Raphael Mengs, 1728—1779），德国画家，新古典主义画派先驱之一。

② 朱塞佩·麦克弗森（Giuseppe Macpherson, 1726—约1780），意大利画家，蓬佩奥·巴托尼的学生，长于微缩肖像画。——编注

③ 原文为"細密画"，据上下文，应为微缩肖像画（portrait miniatures）。——编注

包括将作曲家韩德尔的清唱剧 ① 翻译成意大利语，自费安排演出，使这位在1727年归化英国的音乐家名垂千古。

考珀也是最早发现佐法尼天赋的人。佐法尼接受考珀的委托，为他绘制了肖像，并将拉斐尔的两幅圣母像连同画好的肖像画一起送给了考珀。他们的关系一直很密切，即使在佐法尼1778年离开佛罗伦萨后，考珀仍继续收集绘画作品，还购入了弗拉·巴尔托洛梅奥 ② 的《圣家族》（Holy Family）等杰作。17世纪80年代前后，他开始资助约瑟夫·普鲁拉（Joseph Plura）等新锐画家，为培养他们倾注了大量心血。

1777年，他被英国皇家学会授予院士称号。鉴于这些成就，考珀曾经希望得到霍勒斯·曼爵士获得的英国驻佛罗伦萨公使职位也没有什么好奇怪的了。他满怀这番宏愿去拜见英王乔治三世，献上了拉斐尔的自画像，却没有得到期望的结果。仕途受挫后，他把热情再次倾注到艺术收藏上，购入了很多大师的作品。考珀晚年患上了导致全身肿胀的水肿病，于1789年12月22日在佛罗伦萨去世。

让我们再把目光移到最右边簇拥着《美第奇维纳斯》（Medici Venus）的第三组人物上。我们能够辨认出人群中因非洲探险而闻名的詹姆斯·布鲁斯（James Bruce，1730—1794）爵士那高大的身影。

---

① 清唱剧（oratorio），发源于17世纪初的意大利，是一种类似歌剧的大型声乐体裁，是叙事型多乐章声乐作品的其中一种形式，通常同时使用管弦乐团、独唱家以及合唱团。

② 弗拉·巴尔托洛梅奥（Fra Bartolomeo，1472—1517），文艺复兴时期欧洲佛罗伦萨宗教画家。

探寻"世界文明的母亲河"——尼罗河的源头，是18世纪欧洲人的夙愿。1770年11月4日，布鲁斯率领的探险队终于抵达了位于吉什的尼罗河源头。布鲁斯和乔治国王、夏洛特王后、王子公主们，还有玛丽亚，所有人都无法压抑涌上心头的喜悦，一起三呼万岁。

不过，这里的玛丽亚并不是圣母玛利亚，而是布鲁斯未婚妻的名字。"在3000年的岁月中，古代和当代的人们倾尽了聪明才智和满腔热忱去探索尼罗河的源头，却始终未能到达。当我站在源头的那个瞬间，谁也无法想象我究竟怀着怎么样的心情。"布鲁斯如此表达充盈全身心的狂喜。不过很遗憾，我得在这里立刻补充一个会给布鲁斯的发现浇上一盆冷水的事实。早在1618年，耶稣会传教士佩德罗·帕耶兹（Pedro Páez）便已经到访过吉什，而且吉什的泉水也只是汇入青尼罗河的支流之一。白尼罗河也被认为是尼罗河的源流，它源自维多利亚湖，后者距离吉什大概500英里。这个事实是差不多一个世纪后，被约翰·汉宁·斯佩克 ① 发现的。

布鲁斯回国后，并没有立刻动笔写阿比西尼亚 ② 游记的打算。庞大的记录档案一直被压在箱底，只有他的一位远亲詹姆斯·博斯韦尔 ③ 在《伦敦杂志》（London Magazine）（1774年8月和9月号）上发表过内容简短的摘录文章。布鲁斯的妻子玛丽亚的过早离世仿佛

---

① 约翰·汉宁·斯佩克（John Hanning Speke,1827—1864），英属印度陆军军官及探险家。

② 阿比西尼亚（Abyssinia），埃塞俄比亚的旧称。

③ 詹姆斯·博斯韦尔（James Boswell，1740—1795），苏格兰传记作家，被认为是现代传记写作形式的开创者，最有名的作品是《约翰生传》。

推了他一把，他开始撰写自己16年未曾动笔的游记。他的游记对标18世纪库克船长 ① 所著的头号畅销书《太平洋探险》(*A Voyage To The Pacific Ocean*)。布鲁斯最终完成的《尼罗河源流之旅》(*Travels to Discover the Source of the Nile*)卷帙浩繁，分为五卷，篇幅超过3000页。1790年，《尼罗河源流之旅》摆进了书店。全书忠实地遵照了18世纪游记的惯例，扣人心弦的冒险故事中穿插着作者和非洲女性之间发生的罗曼史，同时，作者将古代埃塞俄比亚王朝的历史娓娓道来，生动地描绘和记录了阿比西尼亚的政治生态与自然形态。或许是其内容引发了读者的极大好奇，这套书的初版仅用一天半的时间就一售而空。此后，德语、法语译本相继出版。虽然《伦敦纪事报》(*London Chronicle*)和《关键评论》(*The Critical Review*)等媒体给予此书好评，但不久后发生的一件事，让布鲁斯陷入失意的深渊：当时，用轻快语气讥讽约翰逊博士而颇受欢迎的讽刺作家约翰·沃尔科特（John Wolcot）在荒诞诗中嘲弄了布鲁斯，但这还算不上什么；决定性的打击发生在不久之后，从阿比西尼亚旅行回来的瓦伦西亚子爵 ② 和亨利·索尔特（Henry Salt）在1809年明确怀疑了布鲁斯游记的可靠性。

---

① 即詹姆斯·库克（James Cook,1728—1779），英国探险家、航海家、制图师。

② 即乔治·安斯利（George Annesley，1770—1844），英国政治家。1802年，亨利·索尔特被任命为他的秘书和绘图员，他们开始了东方之行，探索了红海地区，并于1805年访问埃塞俄比亚高地，于1806年返回英国。他们将前往印度、锡兰、红海、阿比西尼亚和埃及的航行记于1809年出版，名为 *Voyages and Travels to India, Ceylon, the Red Sea, Abyssinia and Egypt, in the years 1802, 1803, 1804, 1805, and 1806*，全书共3卷。

佐法尼的《乌菲兹美术馆收藏室》里囊括了22名壮游者、47幅绘画、6座雕像和其他数不胜数的艺术品。关于英国贵族鉴赏意大利艺术瑰宝，流传着这样的说法：鉴赏艺术作品是形成知识修养的必修课，而良好的绘画品味是对绅士的要求，因此绘画收藏能够体现社会阶层的差异。

在18世纪，将画作挂满整面墙的绘画陈列方式被称作"绅士的展示法"而闻名于世，这么挂画是为了在谈论名画的流派和特征等问题时，比对起来更加方便。来自意大利的维纳斯被放在右手边，与左手边的荷兰维纳斯形成了对比，以便观众比较和考察它们的构图、色彩和品质。

画的中央是提香的《乌尔比诺的维纳斯》，这幅名作因确立了裸体画这一绘画类别风格而闻名于世。为了完成这幅作品，提香在希腊雕塑中找寻裸体模特作为参考，其作品《维纳斯》和《美第奇维纳斯》也由此被认为代表了古希腊美学。画面中，鲁本斯 ① 的《战争的后果》（*Consequences of War*）和《四位哲学家》（*The Four Philosophers*）同样被做了对比，16世纪意大利文艺复兴的代表人物拉斐尔的四幅作品也是如此。佐法尼描绘出了当时人们流行将拉斐尔与鲁本斯绘画风格进行比较的潮流。

佐法尼对同时代英国人的关注也体现在他对小汉斯·霍尔拜因

①　即彼得·保罗·鲁本斯（Peter Paul Rubens，1577—1640），画家、设计师、艺术收藏家。

（Hans Holbein the Younger）《理查德·索斯韦尔爵士像》（*Portrait of Sir Richard Southwell*）与贾斯特斯·萨斯特曼斯（Justus Sustermans）《伽利略像》（*Portrait of Galileo Galilei*）的对比中。更有意思的是，佐法尼画面上的拉斐尔作品①中，刚好没有呈现当年将马丁·路德逐出天主教会的教皇利奥十世的身影，应该是他为新教徒着想的体现。

佐法尼的大作表现了这样的含义：壮游者亲身感受文艺复兴时期的杰作、沐浴在西欧文明的灿烂成果中，并将这个传统延续下去。乌菲兹美术馆八角陈列室里的艺术作品与作为壮游者的英国贵族，二者被对比和同化，并且在佐法尼的作品中共同成为壮游传统的一部分。但是，委托佐法尼画下这幅名作的王后原本希望佐法尼画出八角陈列室。这幅画的重点变成了壮游者，使王后十分不悦，也为佐法尼最终的失败埋下了伏笔。

时年20岁的第九代温切尔西伯爵（Earl of Winchilsea）乔治·芬奇（George Finch，1752—1826）例行参观学习乌菲兹美术馆（1772年12月到1773年，他在意大利逗留）的某天，他遇到了正在画《乌菲兹美术馆收藏室》的佐法尼。

画家对年轻人说："请让我把你画到这幅画里吧。"芬奇兴奋地问道："那我应该被画在哪儿？"作为板球高手而闻名的芬奇被画在了仰望着《美第奇维纳斯》的5个年轻人里，是离观众最近的一个。

---

① 指画面右侧描绘的拉斐尔的 *Portrait of Pope Leo X* 这幅画。

擅长冷嘲热讽的霍勒斯·沃波尔笑话这幅画中登场的年轻壮游者们，说："他们甚至都不知道彼此是谁。"

不过，实际情况并不像沃波尔说的。例如，芬奇旁边同样仰望着维纳斯的两位是托马斯·威尔布里厄姆（Thomas Wilbraham，1751年生）和乔治·威尔布里厄姆（George Wilbraham，1743—1829），他们是芬奇的朋友，有史料记载他们从1772年12月到1773年2月16日在佛罗伦萨短暂停留。再旁边的沃茨（Watts）是1773年1月2日来到佛罗伦萨的，而道蒂（Doughty）则于1773年2月14日离开佛罗伦萨。从五人在佛罗伦萨逗留的时间可以看出，尽管身份各不相同，但他们是朋友。

壮游者的肖像画

那么，现在我们将目光聚焦在一位壮游者身上，通过了解他来观照当时历史背景下的世界吧。

威廉·汉密尔顿是一位著名古董收藏家和鉴赏家，他通过壮游过程成长，取得了许多成就，对他所处时代的文化形成做出了巨大贡献。在此，我们将详细回顾他的人生与工作，想必能够更深入地了解实行壮游制度的社会和时代。在众多壮游者中，汉密尔顿是大放异彩的人物，最具文化影响力。他作为艺术品收藏家而名扬四海，但比这更有名的是他与绝世美女埃玛邂逅的传说。不过，围绕着埃玛发生的人生悲喜剧，也成了汉密尔顿伟大古花瓶收藏中的一部分。

1761年，汉密尔顿被任命为英王乔治三世的侍从，并以此为契机成为一名外交官，即英国驻那不勒斯特命全权大使。汉密尔顿的主要工作任务是监视斯图亚特家族流亡到意大利的成员，他将业余时间全部倾注到兴趣上。汉密尔顿收集的大量艺术品让他的宅邸仿佛一座美术馆，成为人们抵达那不勒斯一定要去参观学习的目的地。也正因为汉密尔顿公馆位于那不勒斯，将那不勒斯作为目的地的壮游者变得越来越多。

汉密尔顿收集古花瓶并不是为了倒卖，而是想通过它们研究古代历史。因此，他煞费苦心地素描和记录自己收集的古花瓶，当然也不忘记录古花瓶出土的墓葬特征。汉密尔顿的专业考古学态度，进一步提高了他藏品的价值。他将自己展示特殊艺术收藏品的房间谦称为"破烂屋"，往来进出的社会名流们在某种意义上成了宣传他收藏品的活广告。

作为收藏家，汉密尔顿着实非泛泛之辈。他将自己对古代艺术品巨细靡遗的记录以书籍的形式出版，这一行为淋漓尽致地体现了他身为壮游者的特质与天赋。四卷本的《伊特鲁里亚、希腊和罗马的古代艺术品》(*Collection of Etruscan, Greek, and Roman antiquities from the cabinet of the Honble* ，1766—1767)无论在文字、插图和书籍解说方面都是该领域的佼佼者，并跻身18世纪最具影响力的文献之列。它的影响力遍及欧洲全境，家具、陶器、壁纸、室内装饰在内的各行各业都受到了影响。这套书刚出版不久，后来被人们称为英国陶器产业鼻祖的乔赛亚·韦奇伍德（Josiah Wedgwood）就买了第一卷。后来，韦奇伍德在斯塔福德郡开始制陶，烧制出了玄武岩制的炻器 ①，作为"首次重见天日的古花瓶"向公众发表。韦奇伍德制作的所有陶器都使用了汉密尔顿文献中的形状、图案和色彩，这些设计样式流传至今。

1771年8月，汉密尔顿夫妇暂时回到英国，目的是卖掉他们的古花瓶收藏，因为出版所需的费用高昂到无法付清的地步。通过国会表决，大英博物馆以8400英镑取得了汉密尔顿的收藏品，直到今天，它们仍然是大英博物馆的镇馆之宝，汉密尔顿也因此成为伦敦文物学会的成员。

可以说，是汉密尔顿让古花瓶上的陶器画首次重焕光彩。希腊艺术的研究权威约翰·约阿希姆·温克尔曼（Johann Joachim Winckelmann）也支持这一见解，他在《古代艺术史》（*History of Ancient Art*，1764）中对希腊陶器画做出极高的评价，夸它的质量足以和拉斐尔的素描媲美。

从汉密尔顿多次出售自己藏品的情况来看，他荷包不那么鼓，用于购买古董的资金也并不充裕。作为那不勒斯大使，每天5英镑的经费根本不可能满足他体面款待蜂拥而至的大批客人的需求。就

---

① 炻器，介于陶器与瓷器之间的陶瓷器，原料主要是石器土或非耐火的火泥，有的施釉，有的不施釉。

这样，入不敷出的经济状况渐渐掏空了汉密尔顿，他开始将自己搜集的艺术品视为投资对象。1790年9月21日，他对外甥抱怨："我绝对不想被人当成艺术品商人。"但他却没办法停止自己不断收藏艺术品的行为。他的朋友霍勒斯·沃波尔听到汉密尔顿被任命为那不勒斯大使的消息后，曾讽刺地说："那家伙根本没有看画的眼光，肯定会在那个满是艺术爱好者的地方粉身碎骨。"这话虽是嘲讽，却一针见血。1777年，汉密尔顿被提名为艺术爱好者协会①的成员，这个协会由一群有壮游经历的人建立。由著名画家雷诺兹所创作的该协会成员画像，汉密尔顿端坐画面中央，仿佛那就是他的人生巅峰了。

现在，让我们把注意力转向汉密尔顿人生的另一面。

和许多18世纪的壮游者一样，汉密尔顿对科学，尤其是地质学很感兴趣，他自然不可能放过眼前正活跃地喷出浓烟的维苏威火山。1778年3月3日，他满怀信心地向外甥报告，自己"正全神贯注于火山研究"，并购买了一切必要的器材，从化学实验室设备到电力设备。当时，人们普遍认为火山活动与大气中的电能有关，所以他也搞到了本杰明·富兰克林所使用的最新发明。

汉密尔顿详细记录了维苏威火山在1767年、1779年和1794年的喷发。自1944年最后一次喷发以来，这座火山至今处于休眠状态，但它在18世纪的喷发引起了世间所有画家、科学家和游客的好

---

①　艺术爱好者协会（The Society of Dilettanti），成立于1734年，是一个英国贵族和学者协会，赞助古希腊和罗马艺术研究以及这些风格领域的新作品创作。

奇。据说，当时待在罗马的数百名旅行者得知火山即将喷发后，急忙向那不勒斯赶去。这座狂暴的火山曾经吞没了赫库兰尼姆和庞贝。直到18世纪初，这两座城市都还掩埋在地下，至1738年和1748年，才分别被全面发掘。其中，1763年的庞贝发掘是足以颠覆人们古代观的重大事件。极致繁荣的庞贝城风貌与它的日常生活一同被挖掘出来，在人们眼前再现了古罗马时代的生活场景。挖掘工作不仅建立了人们对古代的意识，也成为今昔联结的纽带。

1766年，汉密尔顿因为观测维苏威火山而在地质学上做出的巨大贡献，被授予英国皇家学会院士殊荣。他攀登维苏威火山超过65次，并雇用了一位当地古僧安东尼奥·皮亚焦（Antonio Piaggio）来记录每天的活动，从1779年到1794年的整整8卷火山观测日志，现在被保存在伦敦的英国皇家学会。而他所写的《焦土：关于两西西里王国火山的考察》（*Campi Phlegraei: Observations on the Volcanos of the Two Sicilies*，1776—1779），也是详细传达1779年维苏威火山大喷发的第一手资料。汉密尔顿从使用望远镜和温度计进行实地研究开始，收集岩石、土壤和沙子的样本，从当地的长者那里听取信息，并记录和绘制他所发现的事物。这些都表明，他正是典型的英国经验主义科学家。

1782年8月25日，汉密尔顿的妻子凯瑟琳因斑疹伤寒去世。为了排遣哀思，他决定到意大利半岛西南端的卡拉布里亚以及西西里岛的墨西拿旅行。其间，该地区发生了造成4万人死亡的大地震。

图 7　维苏威火山（汉密尔顿绘图）

汉密尔顿所写的地壳运动引起地震的考证立即被送到了英国皇家学会，也被评价为他写过最好的论文。这时候的汉密尔顿还不知道，他自己在伦敦也即将遭遇人生的"强震"。

1783 年 8 月，他离开那不勒斯，取道德累斯顿回到伦敦。回去之后，他拜访了自己的外甥格雷维尔 ①，从而结识了一位年轻漂亮的女子。她名叫埃玛·哈特（Emma Hart），很显然是格雷维尔的情妇。汉密尔顿被埃玛的美貌所吸引，多次前去外甥家，对她非常着迷。为了永久保存自己的美貌，埃玛委托了约书亚·雷诺兹和后来成为皇家艺术学院首任院长的乔治·罗姆尼（George Romney）为自己绘制肖像。格雷维尔那时候正盘算着抛弃埃玛，找个经济宽裕的贵族女性结婚。格雷维尔去苏格兰时，汉密尔顿邀请埃玛去他在那不勒

---

① 查尔斯·弗朗西斯·格雷维尔（Charles Francis Greville，1749—1809），英国古董商、收藏家、政治家，1774 年至 1790 年在下议院任职。

斯的别墅做客。当时，埃玛还想着嫁给格雷维尔。1786年4月26日，埃玛携母亲抵达了那不勒斯，打算小住一阵。

1785年5月，在写给汉密尔顿的信里，格雷维尔把埃玛作为"当代艺术品"，"赠送"给了汉密尔顿，没有一丝负罪感。汉密尔顿拜倒在埃玛的石榴裙下。他告诉埃玛，格雷维尔再也不会回来了，并把埃玛留在了自己家，向那不勒斯的社会名流、来访的旅行者介绍这位仿佛从希腊古花瓶绘画中走出来的女子。埃玛身着古代服装，照着汉密尔顿的要求跳舞，并摆出绘画和雕塑作品中人物的姿势。他们因忌惮世人的眼光而住在不同的房子里，但在那不勒斯的社交界，他们秘密结婚的小道消息已经传开了。对汉密尔顿来说，埃玛作为"最棒的艺术品"被人夸赞的感觉自然不坏，这是他至今为止到手的最高杰作。

那个时期，歌德访问了那不勒斯，并对汉密尔顿和埃玛享受快乐时光的情景进行了敏锐观察：

> 汉密尔顿现在仍然作为英国大使生活在那不勒斯，但在研究了一段时间的艺术和自然之后，他发现让他最为快乐的存在是一位美丽的少女 …… 这是一位大约20岁的英国女子，身姿曼妙、容貌绝伦。汉密尔顿请人为她定制了希腊式的服装，与她极其相称。埃玛披散着长发，不断变换着姿势、动作和表情，看到过的人不知不觉就会进入梦境般的世界。

歌德看过埃玛的表演之后，感叹道："那么多艺术家梦寐以求的成就，在她令人惊讶的一颦一笑、一举一动中，已经实现了。"埃玛时而站立、时而跪下、时而躺卧，变换着姿势；她的姿势表情变化多端，一时妩媚迷人，一时笼罩着阴沉的忏悔，观众还没反应过来，她又笑着做出了邀请的动作。

图 8　正在摆姿势的埃玛

与此同时，她还将面纱摆弄成不同的样子来配合自己所表达的情绪。歌德在他的旅行日记中写道，汉密尔顿用灯光照亮这位跳舞的美神，久久凝视着她，忘却了其他的一切。"在埃玛的身上，他不仅看见了古代的艺术品和刻在西西里钱币上的美丽面容，甚至看见了'观景殿的阿波罗①'。"

但歌德把汉密尔顿充斥着幸福的这种生活视为一种"危机"："在罗马时我乐于学习，而在那不勒斯，我就一心只想生活，把自己和世界都抛诸脑后。当和你来往的都是些无所事事、只顾自己享乐的人，你会陷入一种难以形容的奇怪感觉。"

---

①　观景殿的阿波罗（Apollo del Belvedere），别称 Apollo Pitico，18 世纪中叶的新古典主义者认为它是最伟大的古代雕塑，是完美的典范。

图 9　鉴赏埃玛的汉密尔顿

1791年9月6日，汉密尔顿和埃玛在伦敦正式结婚。人到花甲的小老头娶了比自己年轻三十多岁的少女，霍勒斯·沃波尔对此发表了恶毒难听的评价："汉密尔顿和雕像喜结连理。"这话正代表了当时世人的看法。

因为新娘出身于下层阶级，还曾有过诸多上不得台面的传闻，因此她既无法出席官方活动，也没有被人称呼为大使夫人。汉密尔顿不忍心看着埃玛被如此对待，于是他带埃玛去了巴黎，设法让她得到法国王后玛丽·安托瓦内特（Marie Antoinette）接见。建立了这样的关系后，回到那不勒斯的埃玛就得到了与玛丽亚·卡罗利娜王后（Maria Carolina）及其王室成员见面交谈的资格。

然而，平地起波澜。汉密尔顿在那不勒斯的晚年面临着惊涛与骇浪。曾在尼罗河战役 ① 中击败拿破仑，被英国人视作民族英雄的

---

① 　另译尼罗河口之战（Battle of the Nile），别称阿布基尔海战（Battle of Aboukir Bay）。——编注

纳尔逊 ① 走进了汉密尔顿夫妇的生活。传奇英雄纳尔逊身材矮小，在战争中失去了一只眼睛和一条胳膊，甚至无法独自进食。埃玛总是坐在他身边，替他把盘子里的肉切成小块，喂到他嘴里。纳尔逊在家教严格的北方牧师家庭长大，将大半辈子奉献给英国海军，经历过无数枪林弹雨却成为埃玛的裙下之臣。也许是被那不勒斯的灿烂阳光冲昏了头脑，两人的关系飞速发展。

而这时候，汉密尔顿作为埃玛的丈夫，他做了什么呢？面对这样的局面，他选择的解决方式是一种令人难以置信的沉默。巨细靡遗的记录狂魔汉密尔顿，选择对发生在眼皮下面的事情视而不见。他既希望保护挚友与妻子，也想要度过平静的晚年。为了避免被世人非议，他们形成了一种不可思议的奇妙关系。像汉密尔顿被授予的巴斯勋章铭文"三位一体"那样，他们维持着一种"三人同行"的关系 ②。埃玛是他汉密尔顿贞洁贤淑的妻子，而他和纳尔逊之间也有属于男人的坚固友情。

当时首屈一指的讽刺画家詹姆斯·吉尔雷为此画过讽刺画，三人间的三角关系一望而知。这幅讽刺画名为《沉迷于古董之美的鉴赏家》（*A Cognoscenti Contemplating ye Beauties of ye Antique*），画

---

① 即霍雷肖·纳尔逊（Horatio Nelson，1758—1805），第一代纳尔逊子爵，第一代伦勃朗公爵。——编注
② 巴斯勋章的铭文为 "TRIA JUNCTA IN UNO"（拉丁语，意为三者合一），它的象征意义有多种说法，有一种说法是，它意指三个王国合一，也有人说它象征着圣父、圣子、圣灵的"三位一体"。

面中心的人物是汉密尔顿，明明在艺术鉴赏方面眼光相当敏锐，却因为爱上年龄差距极大的小姑娘而昏了头，成了"举世闻名的绿帽男"，其他两人在画面上则是由雕像和绘画指代的。

汉密尔顿反拿着眼镜，一边对焦，一边伸长脖子注视着赖斯（Lais）的雕像，她是希腊神话中的一位美丽情妇。很久以前，古希腊有两位以美貌著称的女性，名字都叫赖斯，都是他人的情妇。其中一位是公元前420年左右居住在科林斯（Corinth）的多情女子，被赞誉为"最美的女性"；另一位则是蒂曼德拉① 的女儿，据说死在嫉妒她美貌的女人的匕首之下。根据汉密尔顿的说法，"没有其他女人比埃玛更能体现伊特鲁里亚（Etruria）古陶器的美丽线条"，但画面中，赖斯雕像的脸部却缺了一大块。观众仿佛能听到汉密尔顿的叹息："不该是这样的……"

放在赖斯雕像后面的是阿匹斯，它是埃及神话中神圣的牛，而在希腊神话里则变成了牛神塞拉匹斯，也就是阳光之神。吉尔雷如此安排的寓意，难道是阿匹斯发出的光无法照亮阿匹斯自己，因此无法弄清他的真实身份吗？画面右侧站立的雕像是米达斯，传说中，他的手触碰到的一切都会变成黄金。米达斯的双手交叉着，似乎就算是他，也无法将赖斯变成金像。

挂在墙上的4幅画也颇有深意。右起第2幅画描绘的是维苏威火

---

① 蒂曼德拉（Timandra），古希腊神话中的斯巴达公主，阿卡迪亚的女王。——编注

山，不用说，这是汉密尔顿的研究课题。而它左边的两幅画，最左侧的描绘的是埃及艳后克利奥帕特拉，另一幅的内容则是马克·安东尼。克利奥帕特拉因其绝伦的美貌和对权力的欲望而闻名于世。她撼动了恺撒大帝的心，成为他的情妇，拿回了埃及的王位。恺撒遇刺后，屋大维和马克·安东尼这两股势力爆发了阿克提姆海战，安东尼因为相信克利奥帕特拉已死的虚假传闻，选择了自杀。克利奥帕特拉试图笼络屋大维未果，便让一条毒蛇咬伤自己，结束了生命。① 显而易见，在这幅画里，克利奥帕特拉的形象与埃玛极为相似，而安东尼的身上也能看出纳尔逊的影子。

最右侧那幅画中的人物是克洛狄乌斯·普尔喀（Clodius Pulcher），他是古罗马共和国末期的政治家。他曾与恺撒的一任妻子庞培亚（Pompeia）暗通款曲，打扮成女人的样子到恺撒宅邸参加祭祀，但被发现而遭控告。克洛狄乌斯虽然成功驱逐了西塞罗 ②，却在自己的敌人庞培 ③ 的部下手中送了命。仔细想想，他会不会象征着汉密尔顿本人呢？画中的克洛狄乌斯衰老丑陋的可悲形象与冒出威严雄伟烟雾的维苏威火山形成了对比。汉密尔顿倾尽全力注视着被削去一部分、残破的赖斯雕像，他那双昏花的老眼究竟看见了什么呢？这幅讽刺画巧妙地将同时代美术爱好者的命运以美术品为

---

① 克利奥帕特拉的死因在史学界仍有争议，此处忠实原书作者的观点。——编注

② 即马尔库斯·图利乌斯·西塞罗（Marcus Tullius Cicero，前106—前43），古罗马政治家。

③ 即格涅乌斯·庞培（Gnaeus Pompey，前106—前48），又译庞贝，古代罗马军事家、政治家。

载体描绘出来。发表的当时，这三者的关系已经成为坊间的重大丑闻。

事态的发展超出了三人的预料。埃玛怀孕了——当然是纳尔逊的孩子。"三人同行"的关系在此时彻底破裂、无法弥补，而世人对他们的态度也不再只是暗地里的揣测。汉密尔顿的社会信用迅速崩溃，国王、王后也开始对他感到厌烦，一连多日报纸杂志连篇累牍地报道他们的八卦故事，以他们三人为对象的讽刺画销量暴增。

埃玛生下了一对双胞胎，其中一个很快夭折。幸存下来的孩子被取名为霍雷希娅（Horatia）①，是个和纳尔逊很像的名字。1805年10月，纳尔逊指挥特拉法加海战（Battle of Trafalgar）时，在维多利亚号上壮烈牺牲。出征前，他在伦敦南部购买了一幢带有土地的住宅，决定将其遗赠给埃玛。纳尔逊又以霍雷希娅的名义存了8000英镑信托存款，希望将利息用于母女俩的生活。临终时，纳尔逊说的"上帝啊，我履行了自己的义务"这句话，或许不是海军将领对英国国民的责任，而是对自己留在世上那个可怜孩子的父爱。

在此之前的1803年4月6日，汉密尔顿已经在埃玛和纳尔逊的陪护中离开了世界。他把自己的宅邸和土地给了外甥格雷维尔，留给埃玛800英镑遗产和每年800英镑的年金，埃玛的名家肖像画则

①　见前文注，纳尔逊名为霍雷肖（Horatio）。——编注

通通送给了纳尔逊。他遵守了当初与格雷维尔的约定，如果格雷维尔将埃玛拱手让与他，他就把自己的财产留给格雷维尔。

临死前，纳尔逊曾竭尽全力地祈求"将埃玛·汉密尔顿夫人留在英国，并留在国王身边"，但国王并没有同意他的遗愿。纳尔逊最终给埃玛留下了2000英镑的遗产和每年500英镑的年金，但埃玛混乱妄为的私生活无法回到正轨，尽管有很多人向她提供保护，却为时已晚。1813年，由于身负巨额债务，埃玛被关进了王座法庭监狱。她向国王强调了纳尔逊立下的赫赫战功以及自己在那不勒斯时对外交所做的贡献，苦苦哀求，但国王完全置之不理。她向纳尔逊的弟弟借了些钱，流亡到法国加莱，在那里度过了债务和疾病缠身的最后时光。"对任何事都不感兴趣，只是一味地抱怨过去的不幸"，是霍雷希娅对她仅存的回忆。1815年1月15日，埃玛死于肝病，附近的教堂甚至以信仰为由拒绝安葬她。

14岁的孤儿霍雷希娅被送回英国，由纳尔逊的亲属抚养长大。她知道自己的父亲是纳尔逊，但在余生中都拒绝承认埃玛是她的生母。不认母亲的原因，不知道是作为同性无法原谅她的行为，还是不想因此坐实自己敬爱的父亲是"背叛密友汉密尔顿的卑鄙小人"。时至今日，"埃玛·汉密尔顿夫人（Lady Emma Hamilton）"作为一种娇艳美丽的英国玫瑰的品种名而流传于世，据说这种花特别招虫子。

旅行文化的精神支柱

"经典"与"爱好"

现在，让我们把注意力转到成为旅行原动力的知识修养与爱好上面。文艺复兴时期的人文主义者们把精神寄托在经典文学之上，而继承了传统精神的英国，贵族教育的根基也离不开经典作品。18世纪中期是以经典为核心、重视阅读育人的教育主张最为大放异彩的时期。那时，古典是人们生活的指导原则，"兴趣"正是在古典指导原则的基础上形成的。统治阶级的年轻人需要接受经典文化教育，成为满腹经纶、见多识广之人。这些教育成果在乡村别墅和园林的建造中得以展现，而艺术爱好者（dilettantes）与古代艺术品收藏家（virtuos）将"爱好"具象化，因此也有相当重要的地位。贵族们收集古董和书籍，以此夸耀自己的优越地位，同样表达了以兴趣爱好展示教养的时代精神。

爱好这个词，除了这个时代之外，从未被赋予过如此深刻的意涵。如果一个人被人说"没有爱好"，并不是真的在说他没有兴趣爱好，而是在表达此人没有受过良好的教育。第三代沙夫茨伯里伯爵 [1]

---

[1] 即安东尼·艾什里－库珀（Anthony Ashley-Cooper），第三代沙夫茨伯里伯爵（3rd Earl of Shaftesbury）是其称号。——编注

（1671—1713）是一位哲学家，他认为柱身带有纵向凹槽、柱头两侧有涡卷形装饰的爱奥尼柱式 ① 建筑和希腊、拉丁文学的精髓是美学的究极表达，而在爱好鄙视链中处于下位的，是哥特式建筑、荷兰绘画、意大利笑剧 ② 和印度音乐。为了提高修养，他对前者进行了无止境的探求。在这样的背景下，罗伯特·沃波尔的政敌牛津伯爵 ③ 在1722年将沃波尔委托建造的霍顿庄园 ④ 评价为"既不宏伟也不美观"，可以说是莫大的侮辱。

能最为具体且强烈地展现古典文化修养的形式，非园林莫属，而评价园林的人，也必须具备相应的素养。《园丁词典》（*Gardeners Dictionary*，1731）的作者菲利普·米勒在该书序言中反复提醒读者，要通晓希腊和拉丁文学，并把希腊和罗马的园林当作效仿的典范。

自1720年后，大量园林设计以古典风格的建筑、神话英雄、传说人物、古代神祇等雕像作为装饰，充满着普罗大众很难理解的寓意。这些形式、形态、秩序，无一不在传达"文化修养"的信息。意大利16世纪的帕拉第奥式建筑和文艺复兴建筑得到青睐，而两者都

---

① 爱奥尼柱式（Ionic Order），源于古希腊，是希腊古典建筑的三种柱式之一，特点是纤细秀美，柱身有 24 条凹槽，柱头有一对向下的涡卷装饰。

② 笑剧（farce），一种喜剧形式，目的在于用夸张的手段娱乐观众，通常会使用情境上的夸张、身份错置和荒谬化等滑稽夸张的手法，也会有俏皮话和低俗笑话。

③ 即爱德华·哈雷（Edward Harley，1689—1741），第二代牛津伯爵（2nd Earl of Oxford）。

④ 霍顿庄园（Houghton Hall），英国诺福克郡霍顿教区的一座乡间别墅，英国建筑史上的重要建筑。

是壮游者们受到文化滋养后的产物。

壮游作为17世纪到19世纪英国贵族阶层中流行的文化修养之旅，目的是到古代智者居住的地方接触艺术和历史。不过，进入18世纪，壮游的特征多少会带上一些个人性质的偏好。在18世纪20年代，壮游开始被人们看作是一个人走向社会的成人礼，同时也是完成教育的里程碑。壮游已经成为一种让年轻人积累社会经验的制度化活动，因此已经不像当初以提高文化修养为目的时那般严苛。

尽管如此，在英国人对事物感受性的形成与变迁上，壮游体验依然有着不可忽视的作用。人们想在自己的故乡重现在意大利接触过的古老文化。人们在英国各地修建了帕拉第奥风格的乡村别墅，类似神殿的建筑物和古希腊风格的教堂挤挤挨挨地站在模仿克洛德·洛兰画作风景的庭院里。

参加壮游的贵族子弟，并不一定都有心增进自己的文化修养。从父母的管教中解放，获得自由的年轻人和朋友们待在一起，享受无拘无束、随心所欲的生活，是再自然不过的事。虽然有些年轻人过着放浪不羁的生活，但他们无一例外都有一种强烈的信念，即认为自己的祖国英国拥有其他任何国家都无法比拟的优越性，而壮游正是确认这种民族自豪感的机会。尤其是在堪称英国智慧结晶的园林方面，这些英国贵族子弟有着极大自信，这就是他们不从意大利请园艺师和园林设计师去英国的原因。反过来，孕育了园林文化的伟大园林设计师们，如查尔斯·布里奇曼（Charles Bridgeman）、斯蒂芬·斯威特则（Stephen Switzer）、威廉·申斯通（William Shenstone）、兰斯洛特·布朗（Lancelot Brown）和汉弗莱·雷普顿（Humphry Repton）等人，没有一个曾经壮游过。倒不是因为他们身为园艺师没有足够的经济能力，而是没有去的必要。

人们于壮游中学习到的古典主义精神融入文化生活，成为统治阶级财富和权力的证明。他们需要耸立的乡村别墅与雄伟的园林来显示贵族的优越性。

与自然融为一体，一望无际的风景式园林，据说灵感来源是17世纪意大利的风景。17世纪在罗马工作过的克洛德·洛兰、尼古拉·普桑以及萨尔瓦托·罗萨（Salvator Rosa，1615—1673）等画家，都描绘了他们理想中的阿卡迪亚风光，灵感往往来自古代神话。克洛德·洛兰的作品尤其受到贵族欢迎。世外桃源阿卡迪亚的田园风物诗与古典主义相辅相成，许多人希望在自家的乡村别墅中营造洛兰画中的景色。在壮游文化最为兴盛的18世纪20年代，这些艺术家早已不在人世；可是，仿效他们的绘画风格，将克洛德·洛兰和尼古拉·普桑们笔下的世界拉进三维世界的行为却蔚然成风。举个例子，那座忠实反映如画美的英式园林（也就是风景式园林）初期杰作——斯托海德风景园（Stourhead Gardens），要是没有克洛德·洛兰的绘画，就不会存在。

斯托海德是亨利·霍尔二世（Henry Hoare Ⅱ，1705—1785）建

造的。1726年，霍尔的父亲过世，他继承了一笔巨大的遗产。霍尔与同世代的很多年轻贵族一样，耽于打猎饮酒。但是，壮游彻底改变了他的人生。他不再懒散怠惰地过日子，开始潜心研究古典作品，收集古代绘画。霍尔的银行事业顺风满帆之时，他的第二任妻子离开了人世。从1741年起，霍尔把自己的全部精力投入建造宅邸的庭园。他聘请了亨利·弗里茨克罗夫特（Henry Flitcroft）担任园艺师，相继在园中建造了弗洛拉花神庙（1745）、阿波罗神庙（1765），甚至万神庙（1753—1754）。园中还有一面人工湖，真实再现了克洛德·洛兰的风景画杰作。据说，霍尔常常提到斯托海德，说它"像普桑的画那么美"。

如果说风景画只需一瞬便可以激发人们建造风景式园林的灵感未免有些绝对，实际的情况似乎略有不同。

参加壮游的贵族年轻人需要找些旅行的纪念品带回去，有些人是为了给故乡的父亲带点伴手礼，有些人是为了保留自己的旅行回忆，理由不尽相同，但他们的共同点是买不到著名画家的作品。当时，那些艺术品的价格已经是天文数字了，即使财力雄厚，也不可能把著名的绘画和雕塑作品带出意大利国境，意大利政府禁止了这一行为。以古罗马和希腊为题材的17世纪风景画家的作品满足了大多数壮游者的需求，而且价格非常合理。当地画家也会应要求临摹名家作品，这时候，宗教画似乎比风景画还受欢迎。居住在罗马的新古典主义画家贵铎·雷尼（Guido Reni）绘制于罗马罗斯皮利奥斯宫（Palazzo Pallavicini-Rospigliosi）的壁画《极光》（*The Aurora*）是这一时期被临摹复制最多的艺术品。

对于普通的壮游者来说，壮游期间的经历和他们回国后从事的工作之间并没有什么直接关联，也不一定有所谓的一致性。不过，极少数人有所不同，他们回国后，在政治和学术领域颇有成就。第一代莱斯特伯爵托马斯·威廉·科克（Thomas Coke, 1st Earl of Leicester, 1754—1842）就是其中一位，让我们看看他的壮游经历吧。

壮游与园林

科克从伊顿公学毕业后，游历了那不勒斯、佛罗伦萨、威尼斯。1771年—1774年，他在罗马停留。科克一表人才，1774年，蓬佩奥·巴托尼 ① 甚至为他画了像。回到祖国后，他成家立业，政治立场明显亲近保守派，是奠定了自由主义基础的政治家查尔斯·詹姆斯·福克斯（Charles James Fox，1749—1806）的热心支持者。不过他没怎么在国会上发过言，只有在审议农业议题的时候，才会口沫横飞地激烈辩论，因为他确实是对土地和农业政策相当不满。这么说吧，他本来就对政治缺乏兴趣。科克曾直言不讳地公开表示："我考虑过把自己的一生献给国家，但并没有那么热衷于政坛。况且我也没有那种足以成为政治家的雄辩者的口才。"

---

① 蓬佩奥·巴托尼（Pompeo Girolamo Batoni, 1708—1787），意大利画家，因创作壮游肖像画闻名欧洲，被认为是新古典主义的先驱。

从政界引退后，科克回到诺福克郡，继承了3万英亩的广阔土地。1780年，光是土地租金就让他拥有13118英镑的收入。科克所继承的霍尔克姆庄园（Holkham Hall）由马修·布雷廷厄姆设计，竣工于1765年，附设一座巨大的庭园。为了营造园林景致，他下令圈地，严格缩小佃农的耕作范围并不断改良土地，使农业高度集约化以提高农作物的产量。由于科克运用了高标准的农耕方式，前来参观的人络绎不绝。羊毛的修剪和使用作为庄园最吸引人的项目①，成为农业史上的高光部分。

科克的壮游经历切实培养了他深厚的人文底蕴，而且他财力雄厚，是被授予贵族称号的新兴资产家。因此，以"爱好"为支撑的庭院与馆舍对科克来说很有必要，它们的作用即是让建造者在社会上很有面子。

在此需要澄清某些对于风景式园林的误解。换句话说，我想要质疑"风景式园林都是精神产物"这一观点。比起审美性，风景式园林的建造更注重实用性，因此英式园林自规则式园林②脱胎换骨而生。实际上，为了维护庞大的庄园，乡绅不得不花费大量资金，而古典的几何式规则园林需要支出巨大的成本，因此他们更倾向于大量融入自然景观的风景式园林，这是种立足实际的选择。不过站在

---

① 羊是当时重要的商品，羊的养殖与羊毛的收割、处理、纺纱等工作都是庄园重要的经济来源。

② 规则式园林（Formal Garden），结构明晰，多为对称布局。

园林史的角度，记述重点是园林样式的变迁而非实用性。风景式园林融合园林与农田和畜牧业用地的方式展示了园林设计师殚精竭虑的成果，也成为一种力量，因此引发过理论派与实践派的争论。园林史用注重感性的审美语言描述了流变脉络而非现实中的矛盾。在园林中如何摆放盘根错节的老树虬枝与巨大的岩石，是爱好问题；通过在庄园里养牛能筹措多少改建费，是现实问题。在风景式园林中，两者之间的矛盾始终难以调和。

虽然大家都喜欢游览园林，但并非所有人都是美学家，比起提高审美，人们对学习如何经营庄园的欲望更强烈。到维多利亚时代，会有多少从风景式园林里收获的水果会被端上人们的餐桌呢？

阿卡迪亚的传统

“理想乡”阿卡迪亚

在此，我想先探究作为英国旅行者精神支柱的阿卡迪亚的意义与传统，为后续章节的旅程做准备。

最初，阿卡迪亚是指位于希腊伯罗奔尼撒半岛中央山岳地带的一处地名。它北接亚该亚（Achaea），西邻伊利斯（Elis），东接阿戈利斯（Argolis），南邻拉科尼亚（Laconia）和麦西尼亚（Messenia），拥有阿尔菲奥斯河（Alfeios）以及它的许多支流。尽管河流流域的土地较为肥沃，但整个国家几乎都是山地，以畜牧业为主要产业。阿卡迪亚人多是牧羊人，喜爱音乐，崇拜牧神潘恩，把他视为大地之神。因为当地盛产橡树，阿卡迪亚人自古以来就把这片土地称为"德罗波利萨（Drobolitsa）"，意为橡树繁茂的平原。而且，因为阿卡迪亚人在上古时代之前便生活于此，他们以自己诞生于大地，自己的历史比月亮还要古老而自豪。

比起阿卡迪亚，忒奥克里托斯 ① 和歌颂希腊乡村的诗人们更推崇西西里岛，将其誉为"乡村之境（Bucolics）"，意为饲养牛群的地方。诗人奥维德② 和维吉尔将自己的作品主题放在阿卡迪亚国境，并将阿卡迪亚塑造成了黄金时代纯真的牧羊人居住的梦幻之乡。尤其是对于维吉尔，与其说那是地图上存在的现实国家，不如说是他心目中的理想国度。他的《牧歌》不仅由始至终和阿卡迪亚有关，还贯穿了整个西欧文明，成为流传至今的传统经典。在这本仅仅收录短诗的诗集中，蕴藏着最大限度引爆文字力量的魔法，被后世奉为经典。因此，我们只需要提及这样的事实：中世纪最伟大的诗人但丁用"慈爱的父亲""伟大领袖""至高无上的品德""充满一切智慧的大海"来称呼维吉尔，并且说他是不需要任何形容词的"诗人"。

后世的拉丁诗人们跟随想象，将阿卡迪亚的所在放在了罗马

---

① 忒奥克里托斯（Theocritus），古希腊著名诗人、学者，西方田园诗派创始人。

② 奥维德（Ovid，前43—17 或 18），奥古斯都时代的古罗马诗人，与维吉尔齐名，一般认为奥维德、贺拉斯和维吉尔是古罗马文学的三位代表性诗人。

图 10 《牧歌》中歌颂的阿卡迪亚（威廉·布雷克绘）

之外。例如，薄伽丘将阿卡迪亚的位置设定在托斯卡纳的科尔多瓦（Córdoba）附近，美第奇家族的宫廷诗人把它放在了菲耶索莱（Fiesole），而托尔夸托·塔索 ① 认为，对比文化压力重负之下的近代意大利，所有地方都可以是阿卡迪亚。

在菲利普·锡德尼1590年所著的《阿卡迪亚》② 中，阿卡迪亚位于希腊；伊丽莎白时代的宫廷诗人，正如阿斯翠亚 ③ 女神，象征着多样性。据说只要接近王冠，就能回到黄金时代。从这个例子可以看

① 托尔夸托·塔索（Torquato Tasso, 1544—1595），意大利诗人，文艺复兴运动晚期的代表。

② 原文为アルガディア，即 The Countess of Pembroke's Arcadia。——编注

③ 阿斯翠亚（Astraea），另译艾斯特莱雅，意为"星女"（star-maiden）或"星夜"（starry night），是黄金时代最后一位与人类共同生活的女神。——编注

出，在英国，阿卡迪亚的概念变化与国家权力高涨的时期密切相关。

17世纪，继承了维吉尔传统的罗马画家将阿卡迪亚视觉化，使得它的特性更为具象。克洛德·洛兰的早期作品中，出现了牧羊人和羊以及其他家畜的身影。从忒奥克里托斯诗咏达菲尼斯①之死之后，人们倾向于感叹生命的短暂无常。尼古拉·普桑最著名的作品《阿卡迪亚的牧羊人》(*Et in Arcadia ego*，1638—1640)中描绘了一块墓碑，它标志着：即使理想国度的幸福生活中，死亡也会突然降临。在画中，牧羊人用手指描摹着墓碑上的"死亡"铭文，它也代表了将死者的骷髅具象化的寓意。还没有被死亡玷污的牧羊人们，脸上满是震惊。正如这墓碑，描绘田园风光中的建筑物是文明的具象化，而死亡无声无息地靠近，即使建筑物抵挡了岁月的侵蚀，也逃不开死亡的魔爪。1786年至1788年，歌德前往意大利旅行，在途中看到古罗马遗迹的残垣断壁时，他用"我曾在阿卡迪亚"表达了自己感觉到的疏离。歌德意识到，意大利古典画家笔下的阿卡迪亚所象征的那种幸福，已经在自己眼前消失，不复存在了。壮游者们肯定也在旅途中看到了歌德眼中的场景。因为旅行就是人生的别名。

阿卡迪亚变奏 —— 蒲柏的田园诗集

18世纪，诗是最伟大的语言。尽管今时今日我们无法想象，但

---

① 达菲尼斯(Daphnis)，希腊神话传说中的西西里牧羊人，在神话中，他是田园诗的创造者。

图 11　蒲柏的房子与花园（威廉·透纳绘）

在当时，诗歌甚至被用于法律和政治辩论，是有力的表达手段。当时最具代表性的诗人是倡导古典主义的亚历山大·蒲柏①。虽然蒲柏没有壮游经历，但他在伦敦郊外的特威克纳姆（Twickenham）建造的园林及其思想反映了这个时代。

此处，我们将从蒲柏的诗歌中选取具体例子，探讨维吉尔的《牧歌》是如何融入英国诗歌的。我们也能因此看到，阿卡迪亚的概念如何进入英国文学之中。

　　当羊群抖落身上的露水

_____

①　亚历山大·蒲柏（Alexander Pope，1688—1744），18世纪英国最伟大的诗人。

　　　　因为爱与诗神而彻夜难眠的青年

　　　　在渐渐明亮的山谷中追赶羊群

　　　　晨光中的羊群闪耀着春天般的光芒

　　这是蒲柏年仅16岁时写下的《田园诗集》（*Pastorals*）中的一段，无论是赞扬这段对美好清晨的描写中体现出的早熟才华，还是将其斥责为徒有形式，都是不正确的。同时代的人们之所以通过这首诗看出了他未来成为诗人的希望，是因为这首诗是以牧歌的形式写就的，这首诗的字里行间都是对维吉尔、威廉·康格里夫①、约翰·德莱顿②等作者经典作品的化用。他将希腊、拉丁的经典作品引入英国，经过翻译和变奏，让诗句重获新生。人们对这样的神技赞叹不已。正如夏目漱石在《文学评论》里所说的，蒲柏的《田园诗集》"……是他少时作品中足以列至首位的。和标题一样，它描绘了乡村风光、牧羊人的恋曲，还有歌唱比赛，全部为问答体。这当然是从维吉尔的《牧歌》中脱胎而生的，与其说是脱胎而生，不如说是对维吉尔作品的继承"。确实，只有融入维吉尔牧歌的地方，才能读出妙趣。

　　在《田园诗集》中"秋"这一节：

　　　　爱啊，我知道你在异国的山中长大

---

① 威廉·康格里夫（William Congreve, 1670—1729），英国剧作家、诗人。

② 约翰·德莱顿（John Dryden, 1631—1700），英国桂冠诗人。

　　母狼让你吸吮乳汁，猛虎抚养你成长

　　你来自埃特纳火山燃烧的内脏

　　在疾风与暴雪中诞生

不难看出，这一段化用自维吉尔《牧歌》其八。

　　现在我知道了什么是爱

　　它诞生在特马努斯和罗多彼山脉，或是非洲加拉曼特人的
族群

　　爱诞生在石峰之间

　　既非我族兄弟姐妹，也无血脉亲缘

　　少年蒲柏看着老师德莱顿翻译《牧歌》，仿佛在享受一种挑战。将维吉尔的声音放大两三倍而变成新的声音，这种共鸣才是重要的。

　　蒲柏在为《牧歌》所作的序中强调，牧歌是最古老的诗歌形式，它极其适配戏剧和故事，是"寓言"的本身。他在序言的最后说，自己模仿了埃德蒙·斯宾塞①的牧歌，但很显然，忒奥克里托斯和维吉尔的牧歌极大地启迪了他。从牧歌中追寻传统的壮游者踏上前往意大利的旅程，这也是他们会到那不勒斯郊区拜访维吉尔墓，向他致

―――――――――――

①　埃德蒙·斯宾塞（Edmund Spenser，1552 / 53—1599），英国文艺复兴时期的伟大诗人。

敬的原因。

第一次工业革命时期的阿卡迪亚

18世纪的英国，有着与阳光灿烂的意大利截然不同的现实情况。如果阿卡迪亚放弃它作为理想之乡的特殊地位而拥抱现实，事情会怎么发展呢？ 18世纪末著名的浪漫主义诗人华兹华斯在书写阿卡迪亚时，没有描绘只存在于想象中的金色天堂，而是描写了现实生活中牧羊人的生活。他描写的不是与现实脱节的精神景观中居住的牧人，而是和自己同一时代的真实牧羊人。他把"牧歌"一词作为《迈克尔》这首诗的副标题[①]，挑战并颠覆了从维吉尔时期开始的牧歌传统。

他把在北英格兰和苏格兰随处可见的农夫迈克尔的故事写成了接近五百行的诗。

格拉斯米尔（Grasmere）溪谷的森林深处，住着一位名叫迈克尔的牧羊人。他的妻子比他年轻20岁，总是在纺织羊毛和打理家务。这个家里只有老夫妇相依为命，还有两条狗陪伴他们。然而，就在他觉得自己"一只脚踏入坟墓"时，独生子卢克的出生如同一线光芒，照亮了他们寂静冷清的生活。

傍晚点亮的油灯是这对简朴老夫妇生活的标志，对迈克尔而言，卢克比光明还要重要，他对孩子投注了比长年相伴的妻子更多

---

① 即 *Michael: A Pastoral Poem*。——编注

的爱。

> 在迈克尔的内心深处，自己年老时出生的孩子
>
> 比什么都可爱 ——
>
> 这或许是出于人性本能
>
> 在所有人血液里流淌的莫名热情
>
> 迸发出来的结果吧
>
> 比起自然的礼物，孩子代表的更是
>
> 对人生未来的希望
>
> 这是一种顺理成章的愿望
>
> 而如果它无法实现
>
> 也许就会令人不安

父亲说，不会因为他老来得子溺爱卢克，而是出于"对未来的希望"而爱他。

华兹华斯并不仅仅是在记述农民的生活。一个农民，身为父亲，对孩子是怀有父爱的；而土地的所有权关系着家庭生活的安稳，是另外一个隐形的问题。在讨论这个问题之前，我们还是来看看迈克尔和卢克的故事怎么样了。

迈克尔虽然是个严厉的人，但他总是关注着卢克，很疼爱他。长大后卢克也能牧羊，他既是迈克尔"人生的安慰"，也是"日复一

日的希望"。他们过着最幸福的生活，厄运却突然降临：迈克尔的侄子倒了霉，而迈克尔是他的债务担保人，需要替侄子承担损失。赔款的金额"令人难以承受"，迈克尔失去了一半财产。对贫穷的牧羊人来说，唯一一个偿还这笔债务的办法就是把代代相传的田地卖掉。迈克尔回想自己的人生，汗流浃背、拼命工作了70年，却要把土地交给别人，他整夜整夜睡不着觉。他无论如何也做不出卖地的决定。

为了弥补这笔经济损失，迈克尔让卢克到伦敦去工作。他想象着，卢克会受到雇主的青睐，在城市里发挥商业才能，成为大富翁；他会回到故乡兴建教堂，给穷人提供土地和金钱……用卢克将来会出人头地的幻想来忘却当下的难过。儿子出发的前一天，父亲对他说了很多掏心掏肺的话：当你出生的时候，我对你有多少祝福，我自己有多么高兴；当我第一次听到你口齿不清地说话时，我简直忘记了自己；在你长大一些以后，我们成了"玩伴"，在这座山上手牵手，说着不会忘记度过的快乐时光……

就在迈克尔想要像自己的父母一样渐渐走向生命尽头时，残酷的现实挡在了他的面前。

　　　儿啊，我虽然度过了漫长的一生

　　　但却一无所获

　　　家里的农田已经抵押出去

就算继续工作

这土地也不会有一半是我的

84岁高龄的老人曾经梦想着和儿子一起建造羊圈，那是他们的祖先曾经的生活方式。这是一场极其悲伤的告别，卢克踏上了前往伦敦的路。

迈克尔收到称赞卢克工作勤奋的信件时，会忘记和至亲分别的苦痛，每天都卖力地工作。可是后来，却传来了卢克"令人蒙羞的可耻传言"，他沾染了都市中的罪恶，成了牺牲品。最后，卢克的人生变得一塌糊涂，他逃亡去了海外。

迈克尔花了7年时间努力建造羊圈，最终在疲惫中耗尽了他的生命。3年后，他的妻子伊莎贝拉也离开了人世。不久，他们的土地被卖掉了，房子也变成了一片农田，只剩下门口的一棵山毛榉树——

还有尚未完工的羊圈

在流经格林黑德溪谷的河畔

那遗迹至今依然存在

考虑到农民和土地之间的关系，比起心爱的儿子，迈克尔更无法放手的是土地。

土地不仅是孕育了生活的生产场所，也是家人心灵栖息之处，

图 12　离开村庄

更是联结与祖先记忆的地方。比起现实中的父子之情，迈克尔认为，作为维系家庭的纽带而运转的记忆是更重要的。恐怕正是因为这种与过去的联结无法用肉眼看见，所以才更能逼迫迈克尔做出选择。

总之，华兹华斯所描写的阿卡迪亚，既不存在光辉闪耀的黄金时代，也不是理想之乡。诗人是为了贴近并拷问现实而特意使用了牧歌的传统，以此作为它的终结吗？《迈克尔》被收录在1798年出版的《抒情歌谣集》(Lyrical Ballads)中，诗集堪称掀起了英国诗歌革命，它主张放弃蒲柏所运用的经典诗歌语言，重新倾听人类社会的声音。华兹华斯也曾是壮游者，但他同时看到了阿尔卑斯山雄伟壮丽的山峦和法国大革命时期被压迫人民的苦难。

阿卡迪亚在现代的复兴

1996年10月，意大利和英国两国政府在伦敦的泰特美术馆① 举

---

① 现称 Tate Britain，1897 年至 1932 年被称为 National Gallery of British Art，1932 年至 2000 年被称为 Tate Gallery。——编注

办了大型联展，名为《壮游：18世纪意大利的魅力》（*Grand Tour: the lure of Italy in the eighteenth century*）。这个尝试重温壮游体验的企划确实很有意义，展览目录的卷首语最后，有这样的一段文字："从意大利回国的旅行者确信了英国在各方面的优越性……现在，我们的学校里几乎不教维吉尔（的诗）了，但你可以在国家美术馆看到拉斐尔的画作，在大英博物馆看到来自古罗马的优质雕像。"这些词句带有一些帝国主义色彩。虽然维吉尔的诗不再是学校里的必修课，但拥有它传统精神的牧歌在两千多年来一直是欧洲文化的精神支柱，至今仍然生生不息。

即使在现代，牧歌也通过向儿童的内心探求阿卡迪亚而继续存在。在机械文明之中，孩童身上依然存在着乡村精神。

孩子是清新的、未受污染的。同时，对个人来说，童年也是纯洁无瑕的时代。牧童并不是生活在阿卡迪亚这一空间维度，而是存在于时间维度。这两者使童心崇拜作为牧歌的变体成为一种框架，在现代文化中成为一种象征。

并非进入现代后，学人才发现了牧羊人与孩子之间的联系。在忒奥克里托斯的《牧歌》中，已经在一定程度上暗示了两者的关联性。首次以小说形式表现牧歌的《达佛涅斯和克洛伊》①中，也能看到这种关系的萌芽。它们的共同点是，脆弱而易于崩坏的内心与不

---

① 即 *Daphnis kai Chloē*，古希腊诗人朗格斯（Longus）著。——编注

断施加攻击的外部因素持续发生摩擦，从而产生了强大的力量，这是此类作品的基本形式。

批评家威廉·燕卜荪①认为，牧歌所具有的活力在各种不同的文学体裁中发挥了作用，并从牧歌的角度分析了约翰·盖伊的《乞丐歌剧》（*The Beggar's Opera*）、安德鲁·马维尔②的《花园》和无产阶级文学作品《田园诗的几种形式》（*Some Versions of Pastoral*）。在讨论刘易斯·卡罗尔《爱丽丝梦游仙境》（*Alice's Adventures in Wonderland*）和《爱丽丝镜中奇遇》（*Alice through the Looking-glass*）的《作为牧童的儿童》③中，燕卜荪说，"儿童的独立性和游离性"是卡罗尔作品中最"有意义的内容"，只有"通过客观超然的智慧"才能拥有"以自我为中心的情感生活"。他还指出，爱丽丝的世界是由卡罗尔以"少女是人类中和性爱最无关联的存在""在性这一层面最为安全的存在"的少女观建构的。仙境就是阿卡迪亚，而在其中漫游的爱丽丝就是牧羊人。

不仅仅是维多利亚时代的童话，许多现代小说也以主人公童年时代田园牧歌般的环境为背景来叙述他们的当下。这样的背景总会放射出柔和的微光，与阿卡迪亚相似的童年是人生的黄金时代。作

---

① 威廉·燕卜荪（William Empson，1906—1984），英国著名文学批评家和诗人。

② 安德鲁·马维尔（Andrew Marvell，1621—1678），英国形而上诗人、讽刺作家、政治家。

③ 出自 *Some Versions of Pastoral* 的第七章 *Alice in Wonderland*，经查作者可能援引"牧歌の諸変奏"这一日文译本（柴田稔彦译，东京：研究社出版，1982 年）的第七章"不思議の國のアリス 牧童としての子供"。——编注

品中，常常会设定让主人公意识到当下与阿卡迪亚边界的场景，如伴随着成长而出现的性元素。它成为划分童年与青春期的界限，相当于主人公的成人礼。当主人公的面前是一整个未曾经验过的世界时，他的纯洁性被进一步强调了。想想 J.D. 塞林格的名著《麦田里的守望者》（*The Catcher in the Rye*）中的主人公，就足以阐释这个理论。也就是说，充满肉欲的感官世界是与阿卡迪亚的精神性不相容的异教世界。因此，主人公了解了新世界之后，对他们经验的描绘，都仿佛笼罩在慵懒夏日骄阳之下。

实际上，阿卡迪亚回归的现象与人们对乡村的偏爱在底层逻辑上是相通的。对乡村的爱和童年回忆息息相关，化作强烈的怀旧乡愁萦绕在人们心间，使乡村中的所有动物、树木、花草凝聚成一个整体，铭刻在记忆里。乡村之所以能与阿卡迪亚联系在一起，很大程度上得益于美丽的田园风光，但更重要的是它有一种唤起人们回忆的感召力。乍一看，这似乎与旅行文化毫无关联，但两者之间却有着最紧密的纽带联结。在本书中登场的各种各样的旅人，通过旅行抵达了未知的地方，无论是国内还是国外。在那里，他们身上发生了很多事，他们也学到了一些东西。但是，比起曾经踏足的土地，旅行者真正了解的是自身。

第二章　风景的诞生　如画之旅

如画美的诞生

英国风景画的诞生

可以说，风景式园林代表了18世纪英国引以为傲的文化。风景式园林的形式和规则式园林不同，它的设计并不规整和对称，特点是地貌起伏多变、水体蜿蜒、小径曲折，树木散布在园中各处，宅邸里除了人们居住的建筑之外，遍布着自由延伸的草坪和植被。请想象一下这样的画面 —— 换句话说，就是特地模仿自然中的景观来进行园林设计，在这一点上，风景式园林的设计自然就和过去以规整与规则的形式进行布局、严谨的几何式园林有所不同。

在英国艺术品中，我们也常常能看到并非由直线构成的形状，以曲线形式创作艺术品也是英式特色。例如，18世纪代表性的画家威廉·贺加斯 ① 认为，徘徊不休的曲线是美的基调。风景美和绘画美的精神不约而同地达成了一致。啊，我们不应该在篇章开头就先下结论。

政治家、小说家霍勒斯·沃波尔用"如画的样貌"来形容风景式园林中的景致，即将风景比喻成了绘画。他曾经骄傲地宣称："地球上的任何国家都找不到英国这样的风景式园林。"实际上，随着越来越多风景式园林在英国诞生，英国风景也发生了令人欣喜的转变。土地交界处，标示着边界的墙壁和围栏被拆除，人们在其间穿行，感觉自己是从一幅画走进另一幅画中。

霍勒斯·沃波尔对此有着更加具体的陈述："如果我们英国人的心中埋藏着克洛德·洛兰和萨尔瓦托·罗萨那样的种子，就必须让它的花朵绽放。""正是英国的森林、池塘、树丛、溪谷、湿地等景观启发了诗人与画家的想象。时代正在孕育第二位、第三位克洛德·洛兰和萨尔瓦托·罗萨。"他直截了当地指出，风景与绘画之间存在着不可分割的关系，并得出结论：铺展在眼前，英国的这片土地是一匹"画布"，必须在它之上呈现出"匠心独运的风景"。②

时至今日存在于英国，曾被沃波尔高调宣称的"画景合一"，不

---

① 威廉·贺加斯（William Hogarth，1697—1764），英国著名画家、版画家、讽刺画家，欧洲连环漫画先驱。

② 霍勒斯·沃波尔，《现代园林设计史》（*On Modern Gardening*），1780 年。——原注

是自然发生于英国国内的：它是人们吸收了在壮游中滋养出的审美意识，并在内心生根发芽的结果。

壮游者从英国去往意大利，把17世纪画家描绘古罗马的画作带了回来，目的是装饰自己在乡间修建的古罗马经典样式的乡村别墅。在这里，请大家留意"经典"和"古罗马"这些词汇。壮游者到意大利去寻找的是古典艺术品和古罗马的风貌 —— 它们是知识与文化的源头。

法国大革命后，英国统治阶级被迫放弃了前往意大利的计划。他们被浪漫主义的信条所鼓舞，认为英国文化的源头应该在自己的祖国。于是，他们有意识地开始将世外桃源阿卡迪亚引向英国国内。围绕着湖区创作的诗歌与绘画作品，描绘了群峰连绵的山峦、流水潺潺的溪谷、雄伟壮丽的橡树林和点缀其间的羊群与家畜，这些意象致敬了克洛德·洛兰、萨尔瓦托·罗萨和尼古拉·普桑作品中的牧歌风景。又或者恰恰相反，他们实际是把这些画作当成原型，忘我地观察和感知风景。英国人所渴望的人间乐园 —— 英国阿卡迪亚由此被重现。因此，18世纪50年代到湖区去旅行的人们普遍受到17世纪意大利风景画家克洛德·洛兰、萨尔瓦托·罗萨、尼古拉·普桑的影响，人们通过这些画家的"眼睛"来观赏湖区的美景。

例如，作家约翰·布朗写给乔治·利特尔顿爵士 ① 的信中，就有

① 乔治·利特尔顿（George Lyttelton，1709—1773），英国政治家，亚历山大·蒲柏的好友。

一句话表明自己如何借用"画家之眼"来观察现实中的风景。布朗分析了峰区达夫河谷①和湖区凯西克②的风景之美，认为前者的美景中只能提炼出"敬畏"，但后者囊括了"美、敬畏、辽阔"三要素。他指出，"要想将这三个要素结合起来再现凯西克，必须合克洛德·洛兰、萨尔瓦托·罗萨以及尼古拉·普桑三者之力"，很好地体现了自己通过画家的视角对风景的观察。想要领略湖区的风景之美，遵循这些风景画家的传统是相当必要的。之所以用上述风景画家的作品当范本，是因为当时的英国还没有出现风景画。相反，由于人们拥有充足的希腊、拉丁古典文艺素养，所以把充满传统精神的意大利画家作品作为借鉴的对象。

18世纪30年代到19世纪30年代，英国人以壮游的方式迈出了旅行的步伐，但不久之后，面向英国国内的旅行就开始了。在英国国内，风光明媚秀丽的湖区成了人们主要前往的地方，它的发展自然受到了壮游的影响；同时，也鲜明地体现出人们经过壮游的滋养，对经典作品与古代文化的热爱。为了再现曾看过的美丽罗马古迹，英国人在国内重建了万神殿等建筑，但是最为鲜明地体现了古典影响力的还是园林。即便如此，如果古罗马人和古希腊人能穿越时空看到英国的这些园林，可能也会因为它们出人意表的形态变化而大

---

① 达夫河谷（Dovedale），位于英国峰区国家公园。

② 凯西克（Keswick），位于英国湖区国家公园内，因诗人柯勒律治与骚塞的作品而广为人知。

吃一惊吧。曾经具有形式美的园林与周围的树木、森林融为一体后再现出来的样子，与想要表现人类支配自然这一理想的古代园林相去甚远。

不过，在这里我想要提醒诸位，如画美的概念并非单凭直观感受的方式来鉴赏风景。它有个前提——要拥有经典艺术的造诣，能够迅速理解贺拉斯 ① 和维吉尔的诗歌、尼古拉·普桑和克洛德·洛兰画作中的寓意与暗示。也就是说，想具备感受如画美的能力，要有深厚的文学修养与深刻的智性启迪。极端地说，对欧洲绘画毫无知识积累的普通人是没法欣赏和爱上风景的。不用说，壮游的精神体现于此。后文所述，威廉·吉尔平的《瓦伊河如画之旅》(*Observations on the River Wye, and several parts of South Wales, etc. relative chiefly to picturesque beauty; made in the summer of the year 1770*，1782）中，引用过希腊和拉丁文学的内容，但后来的再版中，这些外语内容被一扫而空，取而代之的是谁都能看得懂的英文翻译。这个现象证明了文化开始下沉，旅行开始大众化和普及化。

那么，以英国人独特审美意识为基础的感知形式是如何发展起来的呢？

---

① 即昆图斯·贺拉斯·弗拉库斯（Quintus Horatius Flaccus，前 65—前 27），罗马帝国奥古斯都统治时期的著名诗人、批评家、翻译家。

英伦审美的形成与发展

说到底，正如本章开头的沃波尔所说的那样，17世纪法国、意大利、荷兰的风景画家克洛德·洛兰、萨尔瓦托·罗萨、迈因德特·霍贝玛[①]、雅各布·范·勒伊斯达尔[②]等人笔下描绘的风景所培养出的审美意识，奇妙地造就了英国独有的这种将自然风光引入造园的风景式园林。

图 13　英国独有的如画风景

通过壮游者，风景画家催化了英国人对于理想美的塑造。人们

---

① 迈因德特·霍贝玛（Meindert Hobbema，1638—1709），17世纪荷兰风景画家，曾师从于雅各布·范·勒伊斯达尔。

② 雅各布·范·勒伊斯达尔（Jacob van Ruisdael，约1628—1682），荷兰黄金时代最杰出的风景画家。

在注视自然的时候，映入眼帘的总是通过洛兰和普桑所描绘的古典风景画所看到的景观。像这样，"以画为媒介"，整合"如画一般"的风景，唤起"如同看画"的反应，歌颂视觉的优越性。如画美的审美意识在这样的过程中诞生。

只要说风景如同克洛德·洛兰和尼古拉·普桑作品中"如画"的景致，便能理解人们为寻找如画的美景而上路的直接诱因，却得出"在四五月进入换毛期的公牛最具如画美"的结论。我们可以看到，如画美已经被大刀阔斧地改造成了独特的英伦审美。牧师威廉·吉尔平说，比起以优美流畅的体型线条为傲的马，鲁莽粗暴的公牛更符合如画美的风格。本章开头霍勒斯·沃波尔的话，可以说是对尚处于萌芽状态时的如画美的反响。

前往苏格兰、湖区、威尔士地区的国内旅行取代了壮游，大批中产阶级和新兴阶级加入，"旅游"的时代即将来临。在此之际，如画美概念与旅游之间怎样协作，关系又如何？下面，我们来简述一下发展轨迹。

什么是如画之旅

"如何观赏湖区" —— 托马斯·韦斯特的旅行指南

壮游式微之时，英国国内旅行兴起。在此过程中，旅行书籍对促进国内旅行做出了超乎想象的贡献。并不是所有人都能来上一场真正的旅行，也就会有人需要通过"纸上谈兵"来满足对旅行的需求。众多旅行书籍中，托马斯·韦斯特①所写的导览书是湖区旅行的标准指南，在半个世纪以上的时间里被人们广泛阅读。

　　韦斯特的成就在于，他为湖区的每座湖泊设置了能欣赏绝景的观景点，即确定了每座湖泊的游览亮点。原本对旅行者来说，游览那些景观只会留下零散而杂乱的印象，而韦斯特将游览升华为一种经验，呈现出一幅幅如绘画般统一的图景。他将这样一种态度植入旅行者的脑海：风景如同绘画，是"必须要看到"的。因此，令人很容易站到与如画审美相同的立场上。他使旅行者养成了一种不间断的习惯，持续将眼前静止的风景"装进画框"之中；从韦斯特定下的观景点看韦斯特定义的美景，所有人对风景产生了整齐划一的印象。人生地不熟的旅行者们，被一种"必须站在韦斯特推荐的观景点上看风景"的强迫观念所驱使，开始把这些观景点作为旅行的目的地。于是，千篇一律的模式化观光诞生了。韦斯特的《湖区指南》（*A Guide to the Lakes*，1778）不是教旅行者怎么看风景，而是给旅行者下达了必须去这本导览书里所指示的地方观光的指令。

　　虽然说是推荐，但他把一切都规定好了。令人难以置信的是，

---

① 托马斯·韦斯特（Thomas West，1720—1779），耶稣会牧师、古物学家和作家，是最早撰写有关湖区景点文章的人。

就连环湖区的旅行路线都以绘画作为基础提前设想好了。进入湖区的路线有两条，北线的入口是彭里斯（Penrith），南线的入口是兰开斯特（Lancaster）。托马斯·韦斯特大力推荐南线，劝人们从安静祥和的地方出发，前往山高路险的地方。也就是说，先看"克洛德·洛兰"，接着去看"尼古拉·普桑"，最后走向令人敬畏的"萨尔瓦托·罗萨"。

托马斯·韦斯特在苏格兰出生长大，后来在比利时列日的耶稣会英国学院当过天主教神职人员。不知是因为有这样的人生经历，还是因为他意识到自己偏离了英国国教会的主流，他的著作似乎格外强调爱国主义。1769年，韦斯特回到英国后在弗内斯（Furness）生活。不久后，韦斯特开始支持湖区旅游活动，写就振兴湖区旅游的《湖区指南》一书。这本指南中，韦斯特在尝试深刻把握湖区英国性的同时，也写下其受意大利、瑞士影响之处。由于他过于强调将温德米尔湖和德文特湖（Derwent Water）的风景视作意大利风景画，甚至提出了温德米尔镇的建筑应该模仿意大利建筑物的观点。到了18世纪80年代，韦斯特身边聚集了一批持相同观点的人，他们认为："湖区醒目之处的建筑物应该与之协调，使风景看上去更优美，为此砍掉一些树也无所谓。"

正当湖区处于旅行热潮高峰，韦斯特却在1779年7月撒手人寰。继任《湖区指南》修订任务的是肯德尔（Kendal）出身的威廉·科金 ①，他扩充了韦斯特撰写的正文，为了将旅行者对风景的反响联系到诗歌上，书后附录里引用摘录文学作品，为人们建立了更强的文化规则约束。那时，托马斯·格雷于1769年10月访问湖区时留下的《湖区旅行日记》（*Journal of a Visit to the Lake District*）的知名度已经很高了，可以算是湖区旅行的必备随行书。《湖区指南》选了这部日记的一节放在附录里，让它甚至成为"圣典"。这本导览书有着近乎湖区文学选集的趣旨，诱导读者在没有实地游览前便产生相同的情绪，这也是观光定型化的一种表现。旅游指南建构了旅游的形态，和如今的旅游没有区别。

韦斯特的旅行指南惊人地受欢迎，属于湖区导游书中畅销且长销的。旅行受众群体逐渐扩张，一些以前无法旅游的阶级也加入其中。这些新加入的旅行者中有很多是中产阶级，他们手头宽裕，但没有那么多时间。他们不可能像过去的旅行者一样，花费大量时间在行前收集信息、阅读其他人的游记来做旅行的准备，这也是韦斯特的书如此受欢迎的原因。无论在哪个时代，只要在一件事上投入的精力减少，体验到的精髓自然会下降。巡游湖区的旅行者们似乎无法摆脱韦斯特的咒缚了。不过仔细一想，到湖区去的旅人不正是被尼古拉·普桑的绘画、维吉尔的诗所吸引，才踏上寻找阿卡迪亚之旅的吗？ 要是这么说的话，韦斯特也为阿卡迪亚神话的完成多少

---

① 威廉·科金（William Cockin，1736—1801），英国教师、作家。

做了点贡献。

后来成为桂冠诗人的罗伯特·骚塞，在第四章将介绍的《西班牙旅人唐·曼努埃尔·阿尔瓦雷斯·埃斯普里拉的英国来信》（*Letters from England: By Don Manuel Alvarez Espriella, Translated from the Spanish*，1808年）中，提及自己开始湖区之旅前，在下榻处买了当时最有人气的韦斯特《湖区指南》，并说："阅读这本指南的乐趣比旅行本身更令人难以抗拒。"（《第37封信》）。如前所述，韦斯特的旅行指南是湖区旅行指南中最畅销的一本，它于1780年再版，1784年出了第3版，然后是1789年的第4版、1796年的第6版、1798年的第7版。骚塞读的那本，可能是1802年出的第8版。直到1821年，这本超级畅销书的第11版还在架上。它简洁明了的叙述激发了人们对旅行的兴趣。从"为了到湖区追寻风景美的人们"这句题记能看出，韦斯特并不关心山区，他的游记叙述范围仅限于低地和湖泊。时代对其起到了助推作用。书的序文中还提醒人们，千万不要忘了能够建构风景的"克洛德玻璃镜①"，引导游客从镜中凝望风景。从这个意义上说，推广湖区如画之旅的韦斯特可以称得上是另一个威廉·吉尔平。我们后面还会讲到，如画之旅的原动力——威廉·吉尔平的《瓦伊河如画之旅》也是在这股旅行书籍热潮中诞

---

① 克洛德玻璃镜（Claude glass），另称黑镜（black mirror），形状略微凸起、表面呈深色的小镜子，常被制作成袖珍书或手提箱的样式，艺术家、旅行者和风景画鉴赏家等多有使用。

生的。

崇高美的观赏 —— 托马斯·格雷

了解了湖区的经典旅游指南后，再来看看流行的游记有什么吧。随着前往苏格兰高地的游客不断增加，人们需要更加实用的行程指南。18世纪末，旅行者纷至沓来，涌向体现了风景的崇高美、人民生活质朴的苏格兰高地。而18世纪90年代到19世纪的头十年，每年都有只关注湖区、各具特色的旅行指南不断出版。

苏格兰高地和湖区吸引游客的重要原因是从18世纪初开始兴起的浪漫主义。就浪漫主义而言，旅行和创作之间存在着深刻的关联性。1803年，华兹华斯的妹妹多萝西·华兹华斯（Dorothy Wordsworth）把她与哥哥、诗人塞缪尔·柯勒律治①前往苏格兰旅行的记录整理成了《1803年苏格兰之旅回忆录》（*Recollections of a Tour Made in Scotland, A. D. 1803*），于1803年出版。②此外，苏格兰文学家在促进当地旅游方面也功不可没。罗伯特·彭斯③的诗与沃尔特·司各特的④小说，都激发了人们对苏格兰的无限遐

---

① 塞缪尔·柯勒律治（Samuel Coleridge，1772—1834），英国浪漫主义诗人、湖畔派代表。

② 作者将本书标记为1803年出版，经查，本书第一版实为1874年出版。

③ 罗伯特·彭斯（Robert Burns，1759—1796），著名苏格兰诗人。

④ 沃尔特·司各特（Walter Scott，1771—1832），苏格兰著名历史小说家、诗人、剧作家和历史学家。

思。此外，小说家司各特编辑发表了"埃特里克的牧羊人"詹姆斯·霍格 ① 的来信，颂扬了苏格兰高地的如画风景。与旅行相关的著作中，诗人托马斯·格雷的写作是最具影响力的。

1769年秋，托马斯·格雷第一次造访湖区。他写给友人沃顿的信是文学家最早捕捉湖区之美特征的文献，因此闻名于世。格雷的一系列书信由 W. 梅森（W.Mason）编纂并发表在《托马斯·格雷的作品与生平》（*The Poems of Mr. Gray. To which are prefixed Memoirs of his Life and Writings*，1775）中，作为格雷的"旅行日记"被广泛阅读。格雷如同追随着埃德蒙·伯克 ② 的崇高美理论一般，捕捉着博罗代尔（Borrowdale）充满崇高美的风景 ——"紧接着，我们就迎面看到了高德峭壁（Gowder Crag）。这是一座超越理解范围、令人望而生畏的石山，比罗多雷（Lodore）的悬崖还可怕。雨水冲刷着山顶的岩石，把它们垂直劈开。我颤抖着从下往上看，石块悬垂在那里，缓缓来回晃动。整条路的两侧到处散落着碎石块，还有体积巨大的石头挡在路上，让我们走得很艰难。这个地方让我想起了在阿尔卑斯山行走山路时的情形，当时的向导也提醒我们在山里要安静而敏捷地行动，因为空气振动会让头顶上的积雪松动落下，让我们这些旅人葬身山中。就像那时候得到的忠告一样，别做声，赶紧通

---

① 詹姆斯·霍格（James Hogg，1770—1835），苏格兰作家、诗人。

② 埃德蒙·伯克（Edmund Burke，1729—1797），爱尔兰裔的英国政治家、作家、演说家、政治理论家和哲学家。

过这里吧。"值得注意的事是，格雷在湖区游览时，重温了壮游途中在阿尔卑斯山的体验。二者相通之处就是"崇高美"这一审美意识。格雷在旅行日记里将湖区定位成世外桃源般的世界，也是不容忽视的一点。

另外，说句题外话——在阿尔卑斯山的时候，格雷首先感受到了莫大的恐惧，根本无暇欣赏崇高之美。他给挚友理查德·韦斯特的信中诚实地坦白："死亡永远在你眼前……别说感到敬畏了，这个地方实在太危险，我其实没顾得上思考美这方面的事。"从格雷的感受中，我们能发现壮游与如画之旅之间存在着共通之处。

格雷还在游记中花了很多篇幅记述他访问的乡村别墅。在阐述如画美的发展之前，绝不该忘记提及如画美不仅是以绘画之美为对象的。18世纪也是乡村别墅的时代，园林往往附丽于乡村别墅，应当将馆舍与园林作为一个整体来观赏。

乡村别墅和园林一样蕴藏着历史、政治与时代精神，对喜爱如画美的旅行者来说是不可错过的圣地之一。例如，前往威尔顿（Wilton）的乡村别墅参观的游客有12324名之多；而位于什罗普郡霍克斯通（Hawkstone）的别墅因其美丽的自然园林，还在附近兴建了一座旅馆，以满足蜂拥而至游客的需求。① 霍勒斯·沃波尔兴建的

---

① 威尔顿的乡村别墅或指 Wilton House，位于什罗普郡霍克斯通的别墅和旅馆或指 Hawkstone Hall Hotel and Garden。——编注

乡村别墅草莓山庄①和托马斯·霍普②在伦敦的乡村别墅都为游客准备了导览手册，甚至还发行了参观入场券；坐落在波特曼广场③的蒙塔古夫人④宅邸等别墅，还收费开放参观，向游客卖门票。

为了让乡村别墅对游客更有吸引力，专门编写指南目录的供应商应运而生。1740年到1780年，仅就乡村别墅这一个主题，约翰·哈里斯就制作了超过90种相关的读物，其中最受追捧的斯托⑤《园林指南》，供不应求，重印31次。

格雷也是身处这股风潮中的一人。

欢迎踏上如画之旅

如画美的倡导者威廉·吉尔平

倡导如画美这一审美意识的威廉·吉尔平是在怎样的环境中长

---

① 草莓山庄（Strawberry Hill House），通常简称为草莓山，是一座哥特式复兴样式别墅，它是"草莓山哥特式"建筑风格的典型案例，预示着19世纪哥特式建筑的复兴。

② 托马斯·霍普（Thomas Hope，1769—1831），银行家、作家、哲学家和艺术收藏家。为了躲避法国对荷兰的占领逃亡到伦敦，他们在伦敦的房子装修精致，风格都从其到乡村风景影响的画作中提取，该住所被开放为半公众的展览馆。

③ 波特曼广场（Portman Square），伦敦西区的一个广场，开辟于1674到1684年。

④ 蒙塔古夫人（Elizabeth Montagu，1718—1800），英国社会改革家、艺术赞助人、文学评论家和作家，是当时最富有的女性之一，她将自己的财富用于促进英国和苏格兰文学的发展以及救济穷人。其宅邸即Montagu House。

⑤ 或指斯托庄园（Stowe House），《园林指南》原文为"庭園案內"。——编注

大的，他为什么会提倡这样的审美？
答案既与如画美所蕴含的历史性有关，
也能揭示英国性。

　　容我从推广如画美学的重要人物
威廉·吉尔平不甚为人所知的人生故
事出发，详细介绍他的哲学与审美意
识吧。

　　吉尔平家族的历史相当久远，甚
至可以追溯到威廉国王 [①] 时代。继承
了古老血脉的威廉·吉尔平于1724年
6月5日出生在坎伯兰首府卡莱尔附近

图 14　威廉·吉尔平

的斯卡莱比城堡 (Scaleby Castle)。他的父亲约翰·伯纳德·吉尔平
（John Bernard Gilpin，1776年去世）是著名画家，而弟弟索里·吉
尔平（Sawrey Gilpin）也是有名的动物画家。吉尔平的祖父可能也颇
有绘画天赋，这种业余画家的才能似乎遗传给了威廉·吉尔平。

　　1740年，吉尔平进入牛津大学王后学院（The Queen's College
Oxford），但他没有在那儿学到比"大打哈欠"更多的东西，终日郁
悒不满。毕业后，吉尔平在1746年被任命为英国国教会执事。翌年，
吉尔平前往白金汉郡的斯托布道，频频参观著名的斯托庄园。他将

---

　　① 指威廉一世，诺曼底王朝的第一位国王。——编注

观察结果写成了《关于白金汉郡斯托的科巴姆子爵阁下庄园之对话》（*A dialogue upon the gardens of the Right Honourable the Lord Viscount Cobham, at Stow in Buckinghamshire*，1748），在其中论述了自然风景与废墟中所见之美的差异。这一时期，如画美学萌出小荷一角。

1751年，威廉·吉尔平与堂妹玛格丽特·吉尔平（Margaret Gilpin，1807年去世）结婚，移居伦敦郊外的奇姆，成为奇姆学校①的校长，同时担任助理教员。对学生来说，他是一位优秀而严格的导师。他的指导方式虽说严格，却并不会对学生施以当时教育领域常见的暴力体罚，而是重视与学生协商沟通。为了使未来会走上社会的学生们了解社会的运作方式与规则，他在学校里建立了小商店，由学生们独立运营。同时，作为宗教教育的一环，这位虔诚的牧师还编写了清晰易懂讲解新约圣经的《英国国教会教义问答集》（*Lectures on the catechism of the Church of England*，1779）。

威廉·吉尔平的自传中有这样的记载：他的收入中，除了稳定的学校经营收入外，还有相当多的一部分来自"娱乐"。这里所说的"娱乐"，是指吉尔平每年暑假都在英国国内旅行并撰写游记。他不知疲倦的足迹抵达过肯特地区（1768）、埃塞克斯郡、萨福克郡、诺福克郡（1769）、瓦伊河（1770）、湖区（1772）、苏格兰高地（1776）。吉尔平旅行时总是带着笔记本和速写本，细心记录沿途遇

---

① 奇姆学校（Cheam School）成立于1645年，是英国最古老的私立学校。

到的一切。回家之后，再从速写和笔记素材中重现旅行的过程，写成如画游记。从1782年到1809年陆续出版的游记，书名都是"在某地对如画之美的观察"，以这种格式作为基础，只替换旅行的目的地。1791年，他拿出广受好评的如画游记所得版税400英镑，在博尔德①创办了学校，又在1793年建立了一所济贫院。1802年，他拍卖了自己过去的画作，获得了1500英镑收益，作为学校的运营基金。

然而如画美游记的爆火却没有让威廉·吉尔平得到他心中的"应许之地"。倒不如说，他似乎对人们提到他时只能想起如画美学而感到些许不满。在人生的最后，吉尔平呼吁出版社多宣传自己的宗教著作。"近些年，我身为如画美的推崇者而声名远播，但我希望自己留在这世上被人记住身份终究还是个牧师。"这是他的真心话。1804年4月5日，这位永不言倦的旅人踏上了永远的旅程。

前文提到的如画美与英国性，从吉尔平的人生经历和游记中可以看出，他对历史和国民性都相当重视。可以说，如画之旅也是确认历史的一部分，在旅行和写生的过程中，通过风景来认识历史。威廉·吉尔平在自己所著的旅行书籍中，多次提及了自己对探索历史的兴趣。

---

①　博尔德（Boldre），英格兰东南部汉普郡（Hampshire）的村庄和民间教区。

崇高美与如画美的概念

人们一直在争辩究竟什么才是如画美，但似乎至今没有定论。这是因为对美的概念的定义总是容易陷入抽象论，讨论也难免出现空转，难以得出结果。美的概念因人而异，也会因为盲信导致观点变得极为主观而别人领会不了，徒留不甘和怨念。有时候，即便当事者深深感怀"这就是美"，旁人也可能会产生完全相反的感觉。

话虽如此，我还是想在这里探究一下构成如画美的美学概念。

这里有段轶事可以分享：诗人柯勒律治在苏格兰旅行时遇到了前来克莱德瀑布①的旅行者，他把人们面对瀑布的情感表达方式当成了研究课题。

柯勒律治在瀑布前观察了一阵子，琢磨着用什么形容词才最适合表现瀑布的美。最终得出的结论是，除了"崇高"别无他选。此时，旁边来了一对观赏瀑布的美国夫妻。丈夫对瀑布做出了和柯勒律治差不多的形容，让他觉得很安心。可是，那位妻子脱口而出的却是"最为漂亮"。柯勒律治觉得这位夫人很可怜：她连"崇高"和"美丽"的区别都搞不清楚。

问题出在哪儿呢？

提起形容对象物之美的词汇，我们会想到"崇高（sublime）""雄

---

① 克莱德瀑布（Falls of Clyde），苏格兰南拉纳克郡克莱德河上四处瀑布的统称，其中最大的瀑布落差为 26 米。华兹华斯、柯勒律治和司各特都曾到过这里。

伟（grand）"美丽（beautiful）"优美（graceful）"漂亮（pretty）"
等词汇，词汇有其不同的意涵，但含义之间存在着交叉和重叠。"美
丽"处于这组意义的中心位置，是美的标准概念，但"崇高"与"漂
亮"的含义是相去最远的，这也是柯勒律治对那位将克莱德瀑布描
述为"漂亮"的女性心生怜悯的原因。也许是受这位女性对词汇误
用的现象启发，柯勒律治还重新考虑了一下，在此语境下，比起
"崇高"，"庄严（majestic）"更为贴切。也就是说，描述"美"的一
系列形容词，它们的概念会在某一点有交集。这个交集点是什么
呢？"崇高"和"雄伟"的表达功能几乎相同，那它们跟"漂亮"之
间的区别又是什么呢？答案是"宏大（greatness）"。想一想，如果
从"崇高"中把"宏大"排除掉会怎么样，这样就能把"宏大"作为
基本概念来理解了。同时，再想想，"漂亮"的概念是排除了"宏大"
以后才成立的。

　　"宏大"的基本概念，还适用于对天空和海洋的想象。从"广阔
辽远的蓝天""幽冥般的天空""无边无际的海洋"等例子中，我们
能够感知到一种伴随着无尽时间的无穷大。当然，这里的"宏大"并
不仅仅是形容物理上"大的物体"，这一点不言自明。

　　"优美的树"不一定要是大树，"漂亮的树"也不是指大树。然而，
被称为"充满崇高美"的树，几乎都是大树。这样的分类法也可以套
用到动物界。例如，我们可以说鲸鱼是崇高的动物，但恐怕这么说
昆虫就不合适了。只有在极其特殊的情况下，人们才会使用"崇高

的虫子"这种表达。人们会说"漂亮的小玩意儿""美丽的小不点"，但绝不会说"崇高的小东西"。此外，"宏大"的范围也不囿于空间，当形容强韧的品格、伟大的生命力时，无论对象在物理上尺寸是大是小，都会变得"宏大"起来。华兹华斯诗歌中，歌颂了从绝壁上一跃而下、陪伴在死去主人的尸首旁边长达3个月不离不弃的忠犬，这里"狗"的形象是多么崇高！从华兹华斯把孩子称为"伟大的先知"的例子上还可以看出，力量的强大也是其必要元素之一。要成为"崇高美"而不仅限于"优美"的话，需要无限的力量。崇高美源自于超越一切的伟大力量。一棵树之所以能具有崇高美，是因为在它身上彰显时空的巨大深度与广度的同时，它的生长过程还体现了生命力：它向上举起树枝，将树叶铺往八方，长年累月地和风雨作斗争，在它面前，岁月的流逝只不过像是朝夕的更替。

谈谈崇高美对受众施加的力量吧。这种力量令人难以承受又难以抵抗，它可能让人动弹不得，抑或将人按回原点。在这种力量面前，人会感觉自己是卑微与渺小的，而"美丽""优美"这些美的概念，完全没有这种冲击力。

崇高美产生于被压迫的意识，伴随着从压迫中得到解放的冲动。那是种急遽扩张，仿佛灵魂出窍，从反对、阻拦和限制中猛地解脱出来的冲击感。这就是崇高的美，它总是伴随着欢欣之情。这就是为什么崇高美会伴随着强烈的敬畏感。

威廉·吉尔平的审美意识

威廉·吉尔平所提倡的如画美就是从崇高美中得到了极大的启发。吉尔平尊敬的政治家与哲学家埃德蒙·伯克在《论崇高与美思想起源的哲学探究》（*A Philosophical Enquiry into the Origin of Our Ideas of the Sublime and Beautiful*，1757）中，将美定义为"光润、轻盈、纤细、优雅、小规模"的，而崇高美则是"巨大、阴郁、粗粝、令人敬畏"的。

伯克对吉尔平产生的影响不仅限于概念，在探究崇高美的方法上，他的影响更为深刻。这种方法是"详细研究我们胸中的各种情绪，并根据经验仔细调查影响了它们的种种事物有怎样的属性，沉着冷静地探索这些属性引起我们情绪的自然规律"，以此来揭示情绪反应的心理影响。可以认为，威廉·吉尔平将自己的如画美理论与伯克提出的接受者心理作用重叠在了一起。

崇高美是一种复合的审美意识，它产生于某种源于痛苦的恐惧，在感觉痛苦与危险的同时，又让人感受到快乐。吉尔平进一步夸大了这个过程，换句话说，他提倡的审美意识是"雀跃的敬畏"。威廉·吉尔平原本是画家，所以他将如画美定义为"能入画的美""值得画的美"。但他的审美意识根基之中存在着恐惧这一属性，因此他认为流畅、匀称的对象只有单一的美感，粗糙、未完成的状态才会被视为如画美的本质。正因如此，如画美必须在粗糙的原材料中产生，就像画家作画一样，对象所具有的粗粝感是如画美的动力之源。以吉尔平的标准，废墟要比外形优美壮丽的建筑物更"美"，拉车的杂种马要比饲养得宜的阿拉伯马更"美"，也就是说，更"如画"。如果要在马和牛之间挑出一个符合如画美标准的，那就是牛了。不为别的，就因为"马的体形线条圆滑流畅，几乎没有变化，而牛的骨骼是有棱有角的，体形线条也富有变化"。这个标准放在围绕着牛和马身边的光线所投下的阴影上，也是适用的："马就像园林里光滑的土壤那样平静地接收光线，而牛却像是荒废田园中的废土，只能草率地大致接收。"结论是："马的身上，色彩因光线投射流畅而单调，而牛的身上却有着丰富多样的色彩。"对人的审美标准也同样如此，"漾着微笑、年轻美丽的面庞"被认为是单调的，而"额上刻着深深的皱纹、颧骨突出、浓密的胡子盖着脸颊上松弛的肉、严肃的额头耸立在眼睛上方"的面容，才更有绘画性，也更符合如画之美。而谈及树木的话，那些笔直生长的参天大树不用讨论，而那些老朽、枯萎、有空洞的大树才是可画的对象，要是盘根错节的老干虬枝那就更好了。还有废墟、长满青苔的石桥、地上的裂缝、龟裂的岩石、粗糙的岩面等，比起整齐划一的对象，它们更富有多样性，因此也被认为是具有如画美的存在。即使把如画美翻译成"如同绘画和画作一样美丽"，它也和现代意义上对"美"的认识不同，总的来说，可以理解为"粗犷而粗粝的"。

因此，威廉·吉尔平最重视的如画美要素是"对比"与"对照"。

图 15 符合如画美概念的牛

对比产生于对立的两个要素之间。这两个要素有时会形成统一，但矛盾、冲突与不协调感越强烈，对比就越显著。吉尔平认为，这种对比和对照是如画美的原理。他甚至这么说："将规整与不规整的建筑组合在一起看上去效果最好。对比产生了新的美感，要是没有对比，规整的建筑物就毫无意义。"将这个论点拓展开来，那么岩石应该与周围的草木形成对比，山峦和丘陵应该与旁边的森林形成对比。山与湖、森林与河流、粗犷的山谷与羊群、怪石嶙峋的山与旅行者，都要进行"对比和对照"。吉尔平的速写里总是把人安排在对比的状态中。他画中的旅人，或是独自伫立在巍然群山之中，或是凝视着林荫覆盖的湖面。通过这些人物与自然的对比，画作体现的如画之美的高度得到了提升。

　　绘画中使用色彩来呈现三维立体感，这种手法的构成原理是定点透视法，即将视角固定在一个位置上，来表现对象的大小、方向、距离，用点和线来安排画面上对象的位置。吉尔平在定点透视法的基础上，还另外使用了空气透视法，用明暗程度来表现距离的远近，通过空气与大气中的光线变化唤起距离感的体现。威廉·吉尔平认为，应该使用浓淡不同的色调（渐变）来"区分远与近"，他运用类似于山水画的技法，来创作符合如画美概念的画作。

此外，他还把对比和构图紧密联系在一起。"这片废墟虽然宏伟壮观，但绝不能称得上是如画的。为了使塔楼与其他部分，还有建筑的整体成为图画，获得如画美的效果，就要充分利用定点透视法安排树木的位置，还要把令人不快的事物隐藏起来。"他如此表达对构图的重视。但此处，必须注意将风景分成近景、中景和远景。他认为，当废墟被置于中景、树木作为近景和远景时，"广阔的远景"将成为效果最好的要素，即如画美本身。

成为"眼睛"本身 —— 威廉·吉尔平的如画之旅

在这样的审美意识下，威廉·吉尔平踏上了寻找如画之美的旅途。大自然是他进行探究的场所，自然中的一切都是观察的对象，无论对象有没有生命，都是如画美的一种构成要素。人类、动物、小鸟、雕像、绘画、园林、古建筑、破败的城堡以及教堂，什么都能成为对象。由于旅人心中已经构思好了组成画面的各种元素，所以他们会把旅途中相遇的事物与这些元素相匹配，创造出如画美。一路上，旅人不断期待撞上意想不到的惊喜。一旦他发现一处风景，便会仔细观赏，看它是否能够构成如画美。在这个瞬间，会有一种难以名状、源于智慧的兴奋感传遍他的四肢百骸。尤其是当遇见崇高的风景时，在旅人的心底深处，风景激起的反应有多大，能够创造如画美的喜悦感就有多强烈。

与后来把如画美理论化的尤维达尔·普赖斯（Uvedale Price，1747—1829）和理查德·佩恩·奈特（Richard Payne Knight，1750—1824）等如画美论者不同，威廉·吉尔平不会把风景进行抽象化，他是具体感知、体会风景的旅行者，他的游记与其他旅行者拥有一致的视角，也因此获得了很高的人气。另外，同时具备教师与神职人员的身份，可能也是他的著作有更高说服力的一个原因。

那么，感动无数人的吉尔平游记是如何写就的呢？我们可以在他的游记里读到对风景崇高美的丰富感悟。

威廉·吉尔平从1768年开始周游英国各地，为他的游记做准备。从1768年的肯特之旅开始，1769年吉尔平前往埃塞克斯郡、萨福克郡和诺福克郡，1770年又从瓦伊河顺流而下，到南威尔士观赏绘画收藏。1772年，他勇敢地进行了包括湖区在内的坎伯兰和威斯特摩兰（Westmoreland）之旅，1773年去了北威尔士地区，1774年去了南部海岸地区，1775年抵达西部地区，1776年踏上了苏格兰高地。

这一连串的旅程，短则一周，长则一个月。1768年前，威廉·吉尔平也曾经几次尝试从自己家出发做一些短途小旅行，但从1768年开始，他的旅行开始有明确的目的和想法。吉尔平曾沿泰晤士河旅行，他会用笔记本记述风景，附上简单的素描。以前，他请擅长绘画的弟弟帮忙把那些素描画成更完美的画稿，但从1768年的旅行开始，他改为自己画画，在旁边辅以文字。吉尔平开始重视自己在旅程中观察风景的视角，速写和文字相辅相成且全部由自己创作的游记前所未有。不用说，吉尔平的画并非照搬风景原貌，而是自身审美意识的投射。

在吉尔平的胸中，如画审美的意识萌芽了。他的审美观在许多次反复速写中逐渐确立，这一过程值得我们多加关注。描绘风景和写作的过程中，他意识到，不符合自己感受的风景，就算画下来也没用，无论使用多少文字也说不出什么内容。

他为了撰写游记而记下的数十本备忘录，向我们充分展示了如画美这一审美意识的培养过程。

1770年6月1日，威廉·吉尔平前往瓦伊河，首次尝试如画之旅 —— 这个地方后来成为闻名遐迩的风景胜地。在习惯了英格兰南部与东南部平原的吉尔平眼中，威尔士地区起伏的山岳地貌显得格外新鲜。对于追求优雅和壮阔的吉尔平来说，瓦伊河流域的景色正是值得"描绘"的风景。

6月10日回家后，他难掩兴奋，写信给朋友威廉·米特福德（William Mitford）："如果一个人没去过瓦伊河，他就等于什么都没见过。瓦伊河才是如画美本身 …… 瓦伊河的美是光彩本身'完成'的，是'正确'的。接下来要做的，大概就是把它描摹在画布上吧，它简直就是一幅画。"他在信中对瓦伊河如此大加夸赞。

再向塑造审美意识的核心靠近一点吧。"试着想象在瓦伊河看到的景致，如果能够巧妙地组合这些对象，就会产生顶级的美感，应该会创造出比原本的风景更美的至美。"（1770年7月3日的书信）

实际上，解构现实世界中的风景并重新构建以创造出新的美，是他从尼古拉·普桑等人的作品中学到的绘画手法。《瓦伊河如画之旅》的早期手稿里有66幅速写画，诗人托马斯·格雷偶然看到后大为称赞。

威廉·吉尔平在书的开头高调宣称，这本书是一种全新的尝试，绝不仅是如实呈现瓦伊河流域的风景，而是按照某种原则来描绘风景的探索性著作。他说，借由"对比"，将会产生新的喜悦。

让我们来看看吉尔平是如何描述古德里奇城堡 ① 和围绕着它的森林的：

　　　　船从罗斯 ② 出发，大概航行了四英里左右，我们就抵达了古德里奇城堡。真是雄伟壮观极了。停下船桨，仔细看一看吧。河流优雅地在眼前流向远方，右手边峭拔的岩壁上满是郁郁葱葱的树。再往前看，有座悬崖正俯瞰着我们，仿佛睥睨着隐藏在林间的城堡。这幅景象是瓦伊河的风景中最为雄伟的，我毫

---

①　古德里奇城堡（Goodrich Castle），英格兰的一座中世纪城堡遗迹，这座城堡被华兹华斯誉为"赫里福德郡最华贵的遗迹"，有历史学家认为它是"赫里福德郡和英国最佳的军事建筑范例之一"。

②　罗斯（Ross），英格兰靠近威尔士边境的一个集镇，位于赫里福德郡东南部。1931年，由于与同名或相似名称的其他地方（如苏格兰的罗斯）混淆，更名为"瓦伊河畔罗斯（Ross-on-Wye）"。瓦伊河畔罗斯将自己标榜为"英国旅游业的发源地"，许多在瓦伊河进行如画之旅的旅人，出发地都是这里。

不犹豫地称之"如画美"。

威廉·吉尔平说，瓦伊河的森林、溪谷和河岸仅仅只是美丽，却并不能说达到了如画美的程度。他认为，只有将河流、森林、悬崖、城堡"整合为一体"，才能创造出新的美。

的确，大自然的鬼斧神工创造了很多美景，但是构图极不均衡。大自然孕育了可爱的色彩，并以无限多的组合来协调它们的色调。然而，如果要创造整体的协调感，自然本身的构图往往是有所欠缺的。要么是近景或远景单独存在，不成比例；要么是错误地贯穿其中、会毁掉一切的线条。如果树木的位置不对、河岸太过类型化，看起来就会有些不对劲。另外，广阔的大自然是人类的智慧无法完全理解的，人类只有掌握自然创造的形态，才能找到和谐。所以画家只要限定一个范围，选取大自然中的一小部分，以如画的审美意识来调整就可以了。

大自然并不总是会呈现出令人满意的样貌，只有如画的审美眼光才能把风景"拔高"，成为令人喜爱的对象。在一篇游记中，过于追求如画审美的吉尔平甚至极端地说，如果用锤子砸掉丁登寺 ① 废

---

① 丁登寺（Tintern Abbey），另译廷特恩修道院，位于瓦伊河畔，始建于 12 世纪，倾圮已久，是英国最华丽的修道院遗址之一。

墟"碍眼"的部分，会接近更登峰造极的如画美。

根据吉尔平的说法，首先，进行如画之旅的旅行者需要深度观察对象物，成为"眼睛"本身。接着，应该抛弃自己，投身于风景，全心全意专注于观察。用自己的眼睛细致入微地凝视自然，以画家的眼光来观察自然，这样的人才拥有如画之旅的旅人所应当具备的特质。吉尔平对诗人们喜欢描写的那些场景——树影摇曳、微风吹拂、鸟儿啁啾、溪水潺潺——都毫无兴趣，更别提对自然界这个造物主产生遐想了，他只想要如画之美。

就算有一位农夫突然横穿了这幅风景画，他也不希望这人回过头来，因为人类的登场会破坏如画美的画面。即使有农夫存在于画里，也最多只能允许他的背影出现。追求如画美的眼中，农夫的形象是透明的。除非这个农夫是维吉尔《牧歌》中顽强且自给自足的那个农夫，才会被允许存在。就算这是错的，也不能允许现实世界中的农夫进入如画的世界。吉尔平的蚀刻版画中出现的人物没有五官，整张脸都被涂得黢黑。

如画美遭遇的讽刺 —— 句法博士现象

目前为止，我们已经看到如画美这种审美意识是如何被接受、并以旅行书籍为媒介被表达的。然而，从1800年到1810年这十年间，世间开始出现一种态度，将探究如画美的观察记录、园林建造和旅行等一系列风潮都视为愚蠢行径而进行批判。尽管英国国内的旅行热毫无减退迹象，但如画之旅却受到了讽刺和批判。简·奥斯汀和托马斯·皮科克①的小说都将矛头指向了如画之旅，而在诗歌方面，则是威廉·库姆②点燃了这把火，他的诗配上托马斯·罗兰森③的插图，让句法博士④这个名字在英国文化史上留下了不可磨灭的印迹。

句法博士的诞生

如果一种事物要成为被讽刺的对象，它必须拥有足够的普遍性。要是谁都不知道它是什么，也就没什么可讽刺的了。在这个意义上，使威廉·吉尔平和他所提倡的如画美在英国文化深深扎根的最大功臣倒是创作了诗画集"句法博士"系列的作家和画家。

那么，在看如画美概念是如何遭人讽刺之前，我们先概览一下所谓的"句法现象"，它展示了如画美是如何传播到英国人的日常生活之中的。虽然库姆出版了《句法博士的如画之旅》（*The Tour of Dr. Syntax in Search of the Picturesque*），却没有人撰写它的书评，因为

---

① 托马斯·皮科克（Thomas Peacock，1785—1866），英国诗人、小说家，他的小说以对话为主，大多对话的构思取材于他的朋友如雪莱、柯勒律治等人的谈话。

② 威廉·库姆（William Combe，1742—1823），英国作家，因"句法博士"系列而为人所知。

③ 托马斯·罗兰森（Thomas Rowlandson，1756—1827），乔治时代的英国艺术家和漫画家，以其政治讽刺和社会观察而闻名。

④ 句法博士（Dr. Syntax），Syntax 意译为"句法"，和后文"巡礼者""韵律博士""漫画博士"类似，都是以名字中的单词暗示、呼应和讽刺内容。

它被视为一本画册而非游记。然而，这一系列作品，凭借插图与休迪布拉斯式嘲讽 ① 诗体的组合，在读者中风靡一时。

1809年，《句法博士的如画之旅》首部作品在《诗刊》（*Poetical Magazine*）上连载后，于1812年发行了单行本，它甚至成了一种社会现象。当年，这本书重印了4版，第二年出了第5版，1815年第6版、1817年第7版，到了1819年，已经印到第8版。

句法博士现象不仅在英国国内蔓延，其影响甚至波及欧洲大陆，就像风景式园林以英式园林之名在美国广为流传一样。不过，文化传播的有趣之处就在这里：各国的版本并不忠实翻译原著，而是根据该国实际情况进行本地化改编的作品。毋庸置疑，抄袭的盗版书也雨后春笋般出现了。这本书的荷兰语和法语版在1820年和1821年相继出版，而最有意思的是德语版，因为它是德国律师及作家弗雷德里克·亨佩尔（Friedrich Hempel）以"巡礼者·句法"（Peregrinus Syntax）的笔名写的。此外，除了翻译版，只改了个地名的山寨作品层出不穷，如《句法博士在巴黎，或寻找怪诞之旅》（*Doctor Syntax in Paris; or a Tour in Search of the Grotesque*），1821年出现了一本和句法博士有点像的人物体验苏格兰旅行的《韵律博士环苏格兰、赫布里底群岛、奥克尼群岛、设得兰群岛旅行，寻找古董与如画美之旅》（*The tour of Doctor Prosody, in search of the an-*

---

① 休迪布拉斯式嘲讽（Hudibrastic），源于17世纪英国作家塞缪尔·巴特勒（Samuel Butler）嘲弄性地模仿英雄诗体写成讽刺诗，通常指用平庸的形式嘲讽庄严主题。

tique and picturesque, through Scotland, the Hebrides, the Orkney, and Shetland isles）；1822年的《句法博士收养的弃婴约翰尼·夸克吉纳斯的故事》（*The History of Johnny Quaegenus, The Little Foundling of the Late Doctor Syntax*）；1825年《漫画博士的冒险或命运的胡闹》（*The Adventures of Doctor Comicus or the Frolicks of Fortune*）等，不胜枚举。1815年到1828年，坊间至少出现了12种以上的山寨作品。从出版文化史的角度看，1820年的《句法博士的伦敦探访记》（*The Tour of Doctor Syntax through London, or, The pleasures and miseries of the metropolis:a poem*）尤其有意思。因为这本伪作里的诗和文本有一部分是由原版作者威廉·库姆撰写的，而出版过句法博士三部曲的著名美术出版商阿克曼①也发行了其中的一部。在出版物本身成为畅销书的时候，现实中居然发生了原作者和原出版社亲自下场生产山寨和盗版作品这种离谱事，放在今天简直不可想象，显然只能认为他们企图趁着句法现象热潮来获取不当利益。

最后，句法热潮跨出了出版界，开始进入人们现实中的日常生活。从餐盘和鼻烟袋到花瓶、水杯、茶壶等陶瓷器皿上都出现了句法博士的图案。盘子的插画由罗兰森亲自操刀，在利物浦附近沃灵顿的一家玻璃厂里，他在盘子上幽默地描绘了正忙着制作玻璃的句法博士形象。他很热衷于做这样的事，该图案使用了安东尼

---

① 指鲁道夫·阿克曼（Rudolph Ackermann，1764—1834）。——编注

奥·内里①的《艺术》中格拉沃洛（Gravelotte）所画的版画作为底稿，
负责制作的贝林·格德斯（Perrin Geddes）玻璃厂是19世纪初英国
代表性的工艺玻璃生产商，而罗伯特·布洛尔负责的德比玻璃厂生
产了13种句法博士的玩具人偶，詹姆斯·拉尔夫·克鲁兹工艺生产
的最受欢迎的青瓷餐具组，也用了句法博士的设计，餐具的款式有
31种之多。这些餐具和带有图案的碟子出口到了美国，句法博士
渡过大西洋后更是炙手可热，在新大陆也大受好评，满足了人们的
需求。

图 16　画着句法博士图案的茶壶

---

① 安东尼奥·内里（Antonio Neri，1576—1614），佛罗伦萨牧师，出版有 *L'Arte Vetraria*（即
正文所述《艺术》，被翻译成多种语言），是系统阐述玻璃工艺制造的第一本论文。——
编注

句法博士之旅

句法博士之旅是一部韵文作品，它融合了威廉·吉尔平的游记与流浪汉小说。故事内容是以威廉·吉尔平靠游记发了大财，变成大富翁的设定展开。难以置信的是，句法博士想模仿吉尔平写游记来捞一笔钱。因为句法博士经营的学校陷入困境，到了破产边缘，加上不断增加的税金，一直在涨价的食品，导致生活困窘至极。寄宿的学生们食欲旺盛，似乎永远吃不够（句法博士经营的学校和威廉·吉尔平管理的学校都是寄宿制）。学校当然没法保持收支平衡，甚至连教师的灵魂 —— 鞭子都买不起。眼看着学校就要破产，句法博士上路了 ——

就连博古通今的教师之宝 —— 那鞭子

价格也涨个不停

可不能把它弄断啊

我不由得举起了手

看着满怀幻想而处于幸福状态的句法博士，妻子问他旅行到底有什么目的。于是句法博士满脸得意地说，他打算把旅行的速写结集出版销售，并自豪地补充："我要和骑马旅行、画画速写、

图 17　一切从写生开始（《句法博士的如画之旅》）

写写文章的'富翁先生'做一样的事。"每个读到这里的同时代读者，脑海中应该都会浮现出威廉·吉尔平和他的一系列游记，会心一笑。

　　带着似乎走一步都费劲、疲惫不堪的老马"老灰"，句法博士踏上了牛津到约克的旅程。在约克郡，他得到了卡莱尔伯爵的赏识。卡莱尔伯爵对句法博士的来访感到格外高兴，不仅提出要赞助他出版游记，还邀请他到自己伦敦的宅邸去做客。从凯西克到利物浦，经过千辛万苦之后，他们终于抵达伦敦。他在卡莱尔的府邸住了两星期，在逗留期间整理好了游记，准备出版。之后，他回到家，短暂而漫长的8周之旅画上了句点。

　　顺便一提，作为句法博士赞助人的第五代卡莱尔伯爵弗雷德里克·霍华德 ① 在当时受到诗人拜伦的严厉批判，成了绝佳的讥讽对象，而霍华德与作者库姆是伊顿公学和剑桥大学的同窗。

这段不寻常旅途中波澜壮阔的精彩故事，正是以同时代每个旅人都会经历的旅行事件作为基础的。从某种意义上说，这篇滑稽的游记也成了邮递马车成为主流的时代前，记述旅行情况的观察记。威廉·吉尔平的游记中完全不包含旅行者的个人感受，如果结合句法博士游记来读，应该能相当准确地把握旅行的实际情况（当然也不能全都信以为真）。

长鼻子，长下巴，头发花白，戴着假发，身穿落满灰尘的外套，这样一个瘦弱中学教师所写的故事诗，凭什么能获得如此高的人气，乃至成为文化现象呢？不用说，罗兰森的画技与威廉·库姆的笔力互相成就，起到了很大的作用。但更重要的是句法博士身上所体现的人格魅力，那才是吸引力的源泉。他展示着一些可疑的、说不上是学识的知识，还具备一些说有也没有的品格，这样的人物所引起的种种事件，以及因此让人们感到可笑又可怜的落差感，正是使句法博士至今依然受到欢迎的最大原因。

一方面，句法博士骑着心爱的老灰出发的雄壮身姿，让人不禁联想起与桑丘·潘沙一起冒险的堂吉诃德；另一方面，被土匪路霸剥掉全身衣服、一次次掉入河流和沼泽的他，在这样接二连三的失败

---

① 弗雷德里克·霍华德（Frederick Howard, 1748—1825），第五代卡莱尔伯爵，英国的政治家、外交官、作家，曾担任掌玺大臣、宫内大臣、爱尔兰总督。

图 18（上）、图 19（下）
有时被人追赶、有时掉进沼泽。旅程是一连串的试炼
（《句法博士的如画之旅》）

中竟有着一种幽默感。句法博士暴饮暴食，是个老烟枪，还口若悬河、喋喋不休。当读者看到他身上体现出如此接地气的人格特质时，心情不禁放松下来。库姆的韵文如同句法博士的爱马老灰走路的速度那般悠悠前进，读者能共享他们旅行的心情。

作为文学文本的句法博士

句法博士的旅途故事里有着与同时代小说相当类似的设定。

例如，主人公一出发就迷路、被拦路土匪袭击、被抢走了全部财产（一个钱包）、被绑在树上之类。没过多久，得到村里少女帮助的句法博士冒着生命危险住进了旅馆，但安心是短暂的，转眼间他就和要收高额住宿费的老板娘激烈地口舌争锋。只要看到女性，就会不顾一切地跟她接吻；想着自己被牛撞了，就不小心把贵族的宅邸当成了旅馆 —— 主人公净犯这些错。另外，既有差点被旅馆同屋的男人抢走钱的紧张场面，也有吹着笛子哼着歌、和村民一起跳舞的田园牧歌式场景。他还总是得意扬扬地朗读自己正在写的游记，但听他朗读的村民全都睡着了。他本应该在伦敦不畏艰险到教堂布道并安顿下来，结果也横生不少事端，连喘口气的时间都没有。虽然发生了这么多事，他回家一看，伯爵给他寄了400英镑年金，于是句法博士的旅程终于圆满结束了。

从上述文本的情节来看，《句法博士的如画之旅》的系列作品沿袭了典型的流浪汉小说形式。这种小说形式从西班牙传入英国，成为英国小说的萌芽。最早的小说作品可能是托马斯·纳什①的《不幸的旅人》（*The Unfortunate Traveller*，1594），但不久后，托拜厄斯·斯摩莱特②、亨利·菲尔丁③、丹尼尔·笛福④等人所创作的一批小说打造了英国文学史的黄金时代，不过，还是不妨关注一下这些作家都写过流浪汉小说的事实。值得一提的是，斯摩莱特还翻译了流浪汉小说的杰作——勒萨日的《吉尔·布拉斯》（*The Adventures of Gil Blas of Santillane*，1749）。英国小说的这股浪潮势不可挡，后来狄更斯⑤、萨克雷⑥等人的出现，使这条小溪壮大为更汹涌的河流。流浪汉小说的特点是以旅行作为故事框架，而站在大河的分岔点上的《句法博士如画之旅》，对我们再次强调了旅行和故事之间有多么紧密的联系。

还有不得不提的一点，流浪汉小说的主人公会让读者难以忘怀，

---

① 托马斯·纳什（Thomas Nashe，1567—约 1601），伊丽莎白时代的剧作家、诗人、讽刺作家。

② 托拜厄斯·斯摩莱特（Tobias Smollett，1721—1771），18 世纪苏格兰诗人、作家。以创作流浪汉小说闻名，代表作《蓝登传》。

③ 亨利·菲尔丁（Henry Fielding，1707—1754），18 世纪英国小说家、戏剧家。英国启蒙运动的代表人物之一，是英国第一个用完整的小说理论来从事创作的作家，被司各特称为"英国小说之父"。对文学最大贡献是他的现实主义小说，代表作为《弃婴汤姆·琼斯的故事》。

④ 丹尼尔·笛福（Daniel Defoe，约 1660—1731），17—18 世纪英国作家，代表作品为《鲁滨孙漂流记》。与菲尔丁同为英国现代小说奠基人物。

⑤ 即查尔斯·狄更斯（Charles Dickens，1812—1870），英国批判现实主义作家，对英国文学发展影响深远。

⑥ 即威廉·萨克雷（William Thackeray，1811—1863），维多利亚时代代表小说家，与狄更斯齐名。

作为有血有肉的个体，它们从作品中独立出来，一个人前进。汤姆·琼斯（菲尔丁）、蓝登（斯摩莱特）、杰克（笛福）、摩尔·弗兰德斯（笛福）、匹克威克（狄更斯）等主人公，仅仅快速一瞥，便能让人再次加深这种感觉。说到这里，我禁不住想把日本的"水户黄门"①也列入其中了。

句法博士正是流浪汉小说的典型人物形象。身为牧师却爱喝酒，并不像自己宣扬的教义那样禁欲，对自己的能力没有信心却喜欢冒险，尽管总是哭穷说没钱，却总是站在弱者一边，他对自己的缺点毫不掩饰，讴歌着生命。这样的主人公让读者产生了一种似曾相识的怀念感与安心感。骑着步履蹒跚、没精打采的瘦马去冒险的堂吉诃德，不就是句法博士的祖先吗？ 的确，《句法博士的如画之旅》表面上在嘲讽威廉·吉尔平的如画之旅，但同时也因为它是延续了英国小说传统脉络的作品，所以才强烈主张如画美学的存在。

前文曾说过，句法博士系列之所以令人难忘，很大程度上要归功于库姆的诗文与罗兰森的插图达成的共鸣。确实，二者相互补充，效果非常好。库姆和罗兰森没有就作品创作进行过任何协商，但两者的图文如此默契愉快地融合，在文学史上也并不多见。1812年5月1日出版的《句法博士的如画之旅》，配有罗兰森插图的版本售价

---

① 水户黄门，日本江户时代水户藩第二代藩主德川光圀的别称，也指他与两名家臣在日本各地漫游的民间故事。水户黄门的故事在日本的知名度非常高，被改编成多种形式的文娱及艺术作品。

图 20　如画的废墟（《句法博士的如画之旅》）

是1几尼①，没有插图只有诗文的版本卖10先令6便士。此后又出版
过几次不带插图的平价版，但据说普通读者都希望能买到带有罗兰
森插图的豪华版。

　　只消看一下卷首插图，对句法系列的特色便一目了然。如画
美的英文"picturesque"中，"pic"字被画成废墟的模样，剩下的
"turesque"字母又被刻在威廉·吉尔平在如画美游记中总是提到的
墓志铭上（图画的右侧那块被草包围的墓碑）。这幅画将威廉·吉尔
平的如画之旅视觉化，瞬间将读者带入作品的世界。而反过来，我
们也能通过这幅插图极好地理解吉尔平游记在普通读者中普及有多

①　几尼（Guinea），1663 至 1814 年英国流通的货币，含有大约四分之一盎司的黄金。原
先等值 1 英镑（20 先令），金价上涨亦使几尼价值上升。——编注

广、影响力有多大。

库姆的诗文也充分发挥了韵文的力量，呈现出绝妙的韵味：句法博士受邀去打猎。打猎，这对英国人来说可是与旅行一样令人痴迷的癖好。但句法博士一心探究如画美，当场推辞了——

> 我没有时间去猎动物
>
> 我得到湖边去完成任务
>
> 如果您在追赶飞奔的鹿
>
> 我也会飞向温德米尔湖
>
> 对狐狸视若无睹
>
> 我得把岩石间的回声抓住
>
> 睁大双眼，留意气味
>
> 我前进的方向只有如画之美
>
> 这就是我的狩猎作为
>
> 要满载无形的猎物而归。

上文引用第13篇的一节，每一行都押韵，字字句句恰到好处地让人想起猎人追踪猎物的样子。于是，宛若在滑翔的诗句编织着赋格不经意间达到了它的目的，得到了"消失的猎物"，也就是"如画美"。顺带一提，不是"狩猎声音"，而是"捕捉回声"，也是湖区的一大特色。

威廉·吉尔平的儿子（William Gilpin，1757—1848）和父亲同

名，他曾证实句法博士几乎就是威廉·吉尔平本人活生生的写照。①

如画美反映的阶级社会

宗教与世俗的交锋

　　丁登寺是一座矗立在瓦伊河畔的废弃教堂，它也是如画之旅最重要的景点之一。在此，我们以丁登寺废墟为中心，探讨一种审美意识是如何与现实相碰撞，继而通过折射形成风景的。

　　让我们在这里重新审视一下如画美所面临着的"现实"。读着威廉·吉尔平的游记追寻如画美的旅人们喜欢深入人迹罕至的小路。这也许是为了寻找与如画美相称的风景和乡村，但实际上无非是因为在普通的道路上，来来往往的货运马车和邮递马车搞得噪声漫天、尘土飞扬而已。例如，经常被当作如画之旅起点的布里斯托尔，在连接各地的主干线收费站前面，每星期会经过驿站马车1765259辆，大篷车419辆，货运马车722辆，货运大车206辆，还有11759匹马。②

　　另外，关于如画美风景的构成要素 —— 乡村与景观消失的原因，首先是大刀阔斧地推进的圈地运动。用栅栏或篱笆围住耕地的做法从中世纪已有之，这种将土地私有化的行为并没有遭到明确制

---

①　P. 本森（P.Benson）编著，《威廉·吉尔平的自画像》（*My Dearest Betsy: Self-portrait of William Gilpin, 1757—1848, from His Letters and Diaries*）。——原注

②　约翰·布鲁尔（John Brewer），《想象的欢乐——18世纪英国文化史》（*The Pleasures of the Imagination : English Culture in the Eighteenth Century*）。——原注

止。16世纪初爆发的第一次圈地运动，土地所有者驱逐佃农，将农田改为牧场，不过规模并不是很大。发生在18世纪的第二次圈地运动却呈现出截然不同的面貌。随着第一次工业革命到来，农业技术得到改良，农业生产力和效率加速发展，需要具有一定规模的大面积农业用地。圈地运动最兴盛的时期在1760年左右，而且与拿破仑战争导致粮食价格进一步上涨的时期是重合的。①

1730年至1820年间，英国通过了近3700件圈地法案，1760年到1785年，平均每年还有47件法案获得通过。这导致了圈地运动的大规模发展，大多数开放性耕地消失了。难怪华兹华斯1814年在《远游》（*The Excursion*）中如此感叹：

　　无论漫游者去往何方

　　贫瘠的荒野的踪迹

　　都在不断地消失

自1760年起，仅仅不到半个世纪的时间，英国便有250万英亩的开放土地变成了整齐划一的标准化土地。对威廉·吉尔平来说，被割成一块一块的土地根本无法成为如画美的审美对象。

圈地运动剥夺了许多农民的土地，毁灭了他们的生活基础。例

---

① 基斯·托马斯（Keith Thomas）著，《人与自然界——近代英国自然观的变迁》（*Man and the Natural World: Changing Attitudes in England 1500—1800*）。——原注

如，莱斯特郡的一个村庄，随着圈地运动的推进而衰败了，原本有35户农家的村子最后只剩下牧师的屋子和两间牛棚。这场席卷英国全境的运动，导致大量农民放弃耕作，到城市里去打工寻生路。同时，移民美国的人也不在少数。奥利佛·戈德史密斯 [1] 发表于1770年的诗歌《荒村》（*The Deserted Village*），饱含着热泪吟唱了被圈地运动逼入绝境的农民的形象。王公贵族一息尚存，而"农民是国家的骄傲/一旦被摧毁，就永远无法弥补"，还高调宣称"坚守天生的力量之国/即使极端贫困，也永远是幸福的"，表示国之根基是农业，应当尊重支撑着农业的农民。也就是说，农村的荒废会导致国家的衰亡。在如画美的审美意识背景中，残酷现实的阴影越来越浓重。

丁登寺周边长期以来是繁荣的工业区。威廉·吉尔平也在《瓦伊河如画之旅》中感叹道："虽然我曾写过教堂被寂静包围着，但最近，在不到半英里远的地方建起了大型钢铁厂，四下都是噪声，不绝于耳。"即使是吉尔平，也没办法把这钢铁厂当成如画美的审美对象来看。他充满惋惜地写下了这样的现实："这个工厂群也形成了如同修道院的风景。"为了追寻寂静、过着祈祷生活的天主教熙笃会 [2] 却为这片土地代表性的钢铁工业奠定了基础，要说讽刺吧，也真是很讽刺。现实中的钢铁厂入侵了作为祈祷场所的教堂，导致修道院

---

[1]　奥利佛·戈德史密斯（Oliver Goldsmith，1728—1774），爱尔兰诗人、作家与医生。

[2]　熙笃会是天主教修会，遵守圣本笃会规，但是反对当时的本笃会，属于修院改革势力。清规森严，主张生活严肃，重个人守贫，终身素食。丁登寺是熙笃会修士在12世纪建造的。

成为废墟。不得不说是世俗威胁并凌驾于宗教之上的结果。

乞丐也是如画美的一部分

颂扬如画美的吉尔平在对丁登寺的描写中，有一处极其不同的内容横空出世了，那是一个讨饭的老婆婆。吉尔平的游记中，原本少有对人物的记述，在《瓦伊河如画之旅》中仅有这一幕，以后的游记中也几乎没有这样的人物登场。

老婆婆出现在吉尔平面前，提出要带他们参观丁登寺的内部。

> 我们跟在一位衣衫褴褛的老妇后面，她答应带我们参观修道院图书馆。也许是腿脚不听使唤，她步履维艰，一副离开拐杖就走不了路的模样。进入破旧颓败的大门，地板上长满了荆棘和荨麻，从茂盛的野草中间能看见修道院建筑的轮廓。老妇人指着一个地方，说这是图书馆。但其实那是她的住处，她想给我们看的是她脏兮兮的住所。虽然并不怎么感兴趣，但大家还是被勾起了一点好奇。我从未见过如此肮脏不堪的人类住所，说是房间，只不过是利用崩塌的墙面之间形成的空间住人罢了。落进来的雨流淌着，是各种不同的颜色，湿气把用来垫脚的板子弄得稀烂，地板就是泥巴地。站在这个悲惨的单间牢房中间，感受潮湿的寒风侵袭全身，那一瞬间我们感慨的不是老妇人失去行走的功能，而是感叹"你尽力活着了"。

　　很多批评家和评论者从威廉·吉尔平的这些观察中感受到一种充满人性之爱的人文主义目光。富有同情心的那些评论者说，吉尔平虽被认为是个只追求如画美的审美主义者，但是他的血液里流淌着神职人员所特有的对人类的爱，吉尔平对弱者表现出的慈悲怜悯也打动了现代人。然而，这种充满人情味的现代解释完全搞错了，实际情况恰恰相反；用今天的标准来解读过去的文本，就会出现这样的谬误。让我们参照同一时代的语境来解读这一段吧——

　　走下瓦伊河游船前往丁登寺参观的游客，刚下船就会看到一大群乞丐。乞丐们争先恐后地想要当向导的样子……让人不自觉皱起眉头，但在城市游客们的眼中，这些肮脏的乞丐也被当成了一道愉快的风景线。不，不能这样说，应当说他们就是"如画美"本身。因为在丁登寺的废墟中，乞丐是最符合如画美的点缀性人物。总之，受到乞丐的欢迎远比受到商人或农夫的款待更有如画美的风格，这才是更合适，也让人更愉快的。

　　下文，让我们探究乞丐形象是如何作为感受性的一部分被沿袭下去，又是如何激起读者好奇心的。吉尔平游记带来的余波在其他人的游记中的存在形式，可以管窥其一隅。

　　旅行家 T.D. 福斯布罗克（Thomas Dudley Fosbroke, 1770—1842）在《威廉·吉尔平的瓦伊河指南》（*the Wye Tour, or Gilpin on*

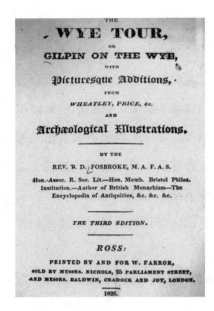

图 21　福斯布罗克著
《威廉·吉尔平的瓦伊河指南》

the Wye，1826）第 3 版里展示了游记和旅行指南的制作方法和变迁过程，非常有意思。这本旅行指南是受吉尔平《瓦伊河如画之旅》的人气影响而编写的仿作，处处引用吉尔平的文字，想要扮演向导的角色。它连篇累牍地引用吉尔平的文字，往往长达一页以上，说明它彻底依据吉尔平作品而进行创作。只是第 3 版的内容进一步强化，为了与海量的其他指南有所区分，特意借了如画美倡导者的光。"我们删除了以前版本出现的解说中那些不够权威的内容，决定主要以沃特利和普赖斯的作品为依据"，福斯布罗克在该书序文中表现出了非同寻常的气魄，希望在威廉·吉尔平之外，加入更多如画美权威人士的文章，使此书成为瓦伊河旅行指南的"标准"。

　　福斯布罗克解释了全书结构，第一部分叙述形成如画美的瓦伊河景观美，第二部分详细介绍瓦伊河的历史，这部分甚至还贴心地加上了一句"请在旅馆阅读"。第三部分介绍了散落在瓦伊河流域的街道与遗迹的来历，其中结合了威廉·吉尔平的记述。结果第一部分就占了全书篇幅的三分之二。从这本旅行指南的结构就能看出，如画审美并非一种直观的风景欣赏方式。正如本章开篇所说，如画之旅的前提是要能立刻理解贺拉斯和维吉尔的诗歌、尼古拉·普桑和克洛德·洛兰的画作中的引用和暗示。如画美的感受力是需要深厚文学修养与深刻思想启迪的。

但是，从福斯布罗克效法吉尔平游记所著的指南书来看，吉尔平观察这个乞丐的真正目的更为明晰。这本指南中关于丁登寺及其周边的记述只有5页，其中的绝大部分都是对瓦伊河的景观美与丁登寺的壮丽所进行的礼赞，而且开篇有一页多的内容是原封不动照搬吉尔平游记的。但是，问题就出在这样一字不改、逐字逐句的引用上，这种方式太奇怪了。福斯布洛克没有引用任何歌颂丁登寺如画美的记述，反而引用了全盘否定如画美的"瓦伊河被工厂污染"之类的文字，紧接着便开始写有关他自己的事情。

这不是和序文中宣称"省略掉一切不能加强本书内容的陈述"的编辑方针大相径庭吗？也就是说，福斯布罗克之所以把吉尔平记述瓦伊河畔钢铁厂的一段文字放在开头，是因为这段话并非在否定如画美，而是赞扬了如画美，所以不得不给了这么大篇幅。证据是，吉尔平笔下的那位丁登寺乞丐老妇人，引起了后来涌到此处的游客们的好奇与关注。例如，1791年，在瓦伊河旅行的诗人塞缪尔·罗杰斯给父亲的私人信件中写道："有个可怜女人独居在靠近修道士房间的地方。那间牢房一样的屋子正如威廉·吉尔平笔下所写，阴森凄惨到了极点。不过，那位老妇人在工厂里死掉了。"

威廉·吉尔平也是用同样的目光注视着观察对象的。

第三章　追寻诗意的乡间漫步　徒步旅行

自然的"美感"—— 感性的变迁

　　1794年，诗人威廉·华兹华斯的妹妹多萝西得意扬扬地问好友："我那位婶婶是不是到处宣传我一路走到这儿的传奇故事啊？"她还告诉朋友，自己已经从格拉斯米尔走了13英里，到了凯西克。到了12月，在天公不作美的日子里，多萝西和哥哥威廉又一起步行回到了凯西克。

　　多萝西有个婶婶一直看不惯她的步行活动，此时她写信斥责了多萝西："你明明是个女儿家，这么做多不体面啊？"多萝西写给婶婶的一段反驳，成了步行活动的纪念碑："婶婶您说我'在这附近转悠'，我没法装作没看见这句话。为什么不能走路呢？我的朋友都说，要感谢大自然赐予我们如此充沛的体力。走路不仅让我不用挤在邮车上，还不用花30先令。比起坐车，走路好得多。"

在此，我想举个对比鲜明的例子。

1782年，德国牧师卡尔·菲利普·莫里茨 ① 到英国旅行，计划花6周时间往返伦敦与德比郡。他独自上路，随身携带的物品包括"4几尼旅费、换洗衣服、道路地图、笔记本，还有约翰·弥尔顿的诗集《失乐园》"。莫里茨是弥尔顿作品的爱好者，想要前往《失乐园》的创作地亲自看一看，才开始了这趟英伦之旅。他的游记里常常出现在路旁树荫下翻开《失乐园》埋首阅读的旅人。莫里茨在英国最惊讶的事情是，这里的人们对独自徒步旅行的看法与欧洲大陆截然不同。

> 徒步旅行者会被当作野蛮人对待。路上碰到的人会盯着他看，向他投以怜悯的眼神，甚至把他看成危险人物 …… 因此，在英国，徒步旅行者被认为是乞丐、流浪者、穷困潦倒急需帮助的人，比无家可归的人还少见。

于是，莫里茨向和他搭乘同一辆马车的旅行者问道："为什么英国没有人徒步旅行呢？"也许是因为知道莫里茨是德国人，那位英国旅客自矜道："因为我们英国人太有钱、太懒，也太骄傲了。"

从多萝西的经历中我们可以发现，在莫里茨英国徒步旅行之后大约10年的时间里，英国人对步行这一行为的感受有了极大改变。

---

① 卡尔·菲利普·莫里茨（Karl Philipp Moritz，1756—1793），德国晚启蒙运动时期和古典主义时期的作家、编辑和散文家，影响了早期的德国浪漫主义。

一言蔽之，这是一种时代精神：人们审视自然，并且将万事万物与自然相联结并思考。

在18世纪80年代，步行出行可以鲜明地体现出一个人的身份，人们往往认为走路出行的人社会地位低下，经济条件也不好。虽然多萝西的姊姊还是老脑筋，但在18世纪90年代，已经有一些人开始在山野与丘陵行走了。但是，这些先行者

图 22　穿正装的徒步旅行者

大部分不得不通过穿着来昭示自己是在散步。文化的演变虽然相当不明显，但确实在发生。

那么，究竟是什么导致了短短10年左右的时间里，人们对步行的看法发生了彻底转变呢？很明显，人们的自然观被浪漫主义影响了。但人们并非一下子就走到公共道路上去，最初的行动是在自家的院子里走来走去。"你知道生活在乡村的女性喜欢做什么吗？就是散步和走路。"多萝西在一封信中这么写道。即便只是在离自己家不远的地方漫步，不得不说，人们的感受还是发生了翻天覆地的变化。

上一章介绍了如画之旅，它的流行也使女性有机会走到野外去。

由于如画审美的根基包括对绘画的爱好，所以如画之旅成为女性培养修养的一部分，带来了小规模的女性解放。尽管有人嘲笑如画美是人为加工出来的，但对于一般公众来说，直面未经雕琢的自然也不多见。

不过，当初被盛赞的如画风景，如果仔细观察，就会发现它规则流畅、缺乏变化，与英国的原始风景相去甚远，有过重的人工操纵痕迹。因此，开始有这样的意见出现："还是让大自然保持本来面貌比较好，在自然中重新审视人类自身很有意义。"

人们改造并维修山路，攀登阿尔卑斯山的活动便大行其道，或许是由于人们被阿尔卑斯山雄伟神圣的自然美所震撼，对山岳产生了崇拜之情。"自然界的原貌就是美的"，从现代的观点来看理所当然、天经地义，但在当时，人们畏惧大自然，认为自然可能是"魔鬼栖息之地"。人们因此意识到了"美"，这正是感受变革的开始。

在审美意识逐渐改变之时，徒步旅行流行起来了。如同下文将提到的那样，当时人们出门一般会乘坐马车，在劫路者猖獗、相当危险的社会中，尽管"行走"相当不安全，但人们产生了这样的想法：通过行走在美丽的自然之中来重新审视自我，提升自己的精神境界；此外，行走甚至带上了站在"不得不走路的人"（也就是弱势社会群体）的立场上抗议社会矛盾的意义。

就这样，一直在寻找基于古典美的理想景观——世外桃源阿卡迪亚的英国人，开始感知"自然风景之美"，他们摆脱古典修养的束缚，开始追寻英国独有的阿卡迪亚。

下面，让我们具体看看各位旅人的故事吧，他们都追寻着自己的阿卡迪亚。

徒步旅行的出现

成为旅行者的"门槛"

正如第一章和第二章所述，从前的旅行并不是如今轻松随意的出游。18世纪的英国，只有少数人才有能力单纯为娱乐而旅游。旅行的必要条件是财力和时间。

"以享受为目的而旅行"的人们大约在1780年前后，也就是18世纪后半叶出现。当然，在此之前也有很多人踏上旅途，但他们的动机几乎都是朝圣或经商。18世纪的后半叶，才出现了单纯以旅行本身为目的而上路的现象，也只有来自富裕阶层并且能抽出几乎一个多月时间的人，才能成为这样的旅行者。

即使这么说，读者眼前可能也无法出现具体的旅人形象。那么，接下来会有一位留下过旅行记录的旅人登场，通过介绍他，可以勾勒出有能力去英国国内人气最高的湖区和苏格兰旅游的人是什么人物形象，另外，也来看看他拥有怎样的经济条件。

旅行要有钱有闲 —— 威廉·基奇纳

威廉·基奇纳（William Kitchiner，1778 — 1827）是18世纪末旅人的典型。他的父亲在伦敦经营煤炭生意，积累了不少财富，在泰晤士河畔拥有大片土地。基奇纳本人曾在格拉斯哥大学攻读医科，但他没能取得学位，最后回到了伦敦。继承了父亲庞大遗产的基奇纳主要有三大兴趣：光学研究、音乐、美食。

据说，他对光学热衷到把家安在卡姆登镇 ① 天文台附近的程度，去世时遗物中有89台望远镜。他所写下记录天文观察的《望远镜的观察》（*Practical Observations on Telescopes*，1815）也深受欢迎，经历几次再版后，成为巨著《月球世界的法则》（1824）。此外，在音乐领域，他还创作轻歌剧 ②，不过被广泛传唱的倒是他歌颂英国海军的爱国歌曲。

基奇纳在藏书领域也相当有名，不过他的藏书大部分是关于美食的文献。作为美食家，他不仅仅以品尝者的角度享受美食，还是一位大厨。和科克一同进行太平洋探险的植物学家约瑟夫·班克斯爵士（Sir Joseph Banks）有位名叫亨利·奥斯本（Henry Osborne）的大厨，在奥斯本的协助下，基奇纳每周都会在家里设宴，邀请友人前来聚餐。宾客们兴致盎然地坐在桌前，听着主人亲自演奏的钢琴

---

① 卡姆登镇（Camden Town），伦敦西北部的一个地区。狄更斯曾经是卡姆登镇居民。

② 轻歌剧（operetta），出现于19世纪，也被称为"配乐喜歌剧"，娱乐性较强、结构短小、风格轻松活泼，情节多取自于现实生活。

曲，边大快朵颐边品评议论。
只不过，如果客人迟到哪怕1分
钟，就进不了门，只能回去了。
另外还有一条铁则，晚上11点
一定要离开基奇纳家。基奇纳
40岁时写下《大厨烹饪锦囊》
（*The Cook's Oracle*，1817），从
食材挑选到烹调方法都有详细
的说明。这本书极受欢迎，直
到作者去世之后依然拥有大批

图 23　威廉·基奇纳

读者，甚至对主导了维多利亚时代女性文化的《比顿夫人的家居管
理手册》[①]（1861）产生了莫大影响。

　　纵览基奇纳的一生，我们发现他颇具成为旅行者的资格。首先，
他有钱有闲。他非常走运，继承了父亲的大笔遗产，可以尽情追求
自己的嗜好。如果说旅行的关注重点在于对风景的喜爱，以及踏足
未知的土地、领略当地风土人情的话，那就正好和基奇纳的爱好不
谋而合。他写的《旅行锦囊》（*The Traveller's Oracle*，1827）囊括了
与旅行相关的一切经验 —— 出发时的心得、行李整理的方法、回家

---

　　① 《比顿夫人的家居管理手册》（*Mrs Beeton's Book of Household Management*），英国维多
　　利亚时代的权威食谱，也是一本关于家庭管理的百科指南，被誉为英国历史上最著名
　　的料理百科全书，作者伊莎贝拉·玛丽·比顿(Isabella Mary Beeton，1836—1865)被誉
　　为"现代家政女神"。

后撰写的游记，如同旅行百科全书。这本书里甚至还包括他与妻子伊丽莎白一起到威尔士地区旅行的游记，是他们从位于伦敦的住处出发后，历时37天的旅行记录。其中，路上逗留和交通所需的天数也值得关注。当时的旅行无论目的地是远还是近，甚至只是在国内（基奇纳没有出国旅行过），也最少需要将近一个月的时间。

基奇纳的游记记录了这趟旅行的费用明细：租一辆四匹马拉的游览马车，每周要2几尼，这四匹马每周还需要花6几尼；车夫的日薪是6先令6便士。交通费总共是59英镑12先令。环游威尔士的37天，总花费是118英镑。

这个金额对于普通大众来说，是什么水平呢？在当时，从事棉纺织业的熟练工每人每天的薪水是2先令，118英镑相当于纺织工人3年的收入。伦敦上流阶层人士身份的象征——双轮马车以及一匹马，每年大约需要40英镑的养护费用，118英镑大约是这笔钱的3倍。看到以上数字，读者应该能充分了解旅行在当时是多么奢侈的享受了。反过来说，在邮递马车对平民来说尚且遥不可及、道路建设也不甚完善的18世纪末，旅行也成了彰显一个人社会和经济地位的指标。

横行于恶路的法外之徒

正如本章开头所提到的，18世纪的交通工具已进入马车时代，人们会用异样的眼光看待"步行"这件事，也难怪会赋予它负面含义。因为走路和坐马车这两种行为意义是不一样的：走路的人属于社会的较低阶层，从经济层面上说，他们是穷人。不仅如此，他们甚至还被认为会造成危险。因此政府颁布了《流浪法》①，将贫民分为因年老、疾病等原因失去劳动能力的困难者和身强体健却不愿从事劳动、过着懒惰生活的流浪者。法律规定，对前者颁发乞讨许可证，而对后者则鞭打后遣送回出生地。流浪被定罪的历史，可以追溯到1531年亨利八世统治时期。

另外，如果留意一下当时的步行环境，就不难理解人们质疑步行者的理由。

首先，当时的路况非常恶劣。道路蜿蜒曲折、崎岖不平且泥泞不堪。即使不是下雨天，路上也跟沼泽地似的，马车的车辙把路碾得坑洼不平。威廉·哈里森②1577年曾在《伊丽莎白时代的英国见闻录》(*Description of Elizabethan England*)中感叹，英国几乎没有像样的路。这一情况到了18世纪依旧没有多大改善。国王曾下令，让人民在夏季期间花六天时间修路，不过第二天就没多少人来了。伦敦的道路一片狼藉，原本宽50英尺的路面变得只剩12英尺，过往行人甚至没法避让通过的马车。

---

① 即《1824年流浪法》(*Vagrancy Act 1824*)，惩处有劳动能力却游手好闲、无固定住所和经济收入、妨害治安的人。颁布此项法律的原因是，拿破仑战争结束后许多士兵退役、没有工作，四处游荡，造成治安问题。在此之前，英国从16世纪开始就曾多次颁布针对流浪者的法律。

② 威廉·哈里森（William Harrison，1534—1593），英国牧师。

夏目漱石在谈到18世纪伦敦市内的道路状况时写道："如今，到处都有铺好的人行道，但那时候几乎只有几条街道是铺平的。因此，镇民和商人不得已自掏腰包来铺自家门前的路。因为活儿是每家每户自己干的，所以铺路石的大小和铺设方式参差不齐，大部分是用从石坑里挖出来的鹅卵石。整座城镇的路凹凸不平，没有什么地方让人敢闭上眼行走。街上到处坑坑洼洼，满眼尽是污秽物和水坑。"（《文学评论》中《伦敦》一章）

繁华大都会尚且如此，可想而知伦敦郊外的道路和街区是怎样惨不忍睹的状态。

道路状态如此糟糕，城市管理不佳，治安也随之恶化。在当街砍人、拦路抢劫、强盗出没都是家常便饭的前提下，人们出门上路时必须带上防身武器。当年讽刺如画之旅的戏谑仿作中，有句法博士刚出家门就遇到劫匪的情节也绝非偶然。16世纪的编年史作者约翰·斯托（John Stow）在1598年的《伦敦城市概述》（*The Survey of London*）中曾记述过伊丽莎白女王乘坐的马车在伦敦市内的伊斯灵顿被一群歹徒包围的事。书中写道："本打算去疗养胜地的女王，心情变得更糟了。"甚至让女王都无法幸免于袭击的糟糕治安，到了18世纪也没得到改善。菲尔丁的小说《约瑟夫·安德鲁斯的经历》（*Joseph Andrews*，1742）中，主人公有着这样的遭遇。"不久就能见到范妮可爱的面庞了。他满怀希望地走了2英里，突然冒出了两名男子拦住了狭窄的去路，威胁他交出所有的钱。"他被突如其来的强盗袭击吓得瘫软在地，在恐吓胁迫了主人公后，强盗并没收手。"其中一个强盗大吼一声，突然向约瑟夫的脑袋开枪，另一个则将棍子抢向约瑟夫。"约瑟夫·安德鲁斯好不容易逃过一劫，精疲力尽地昏厥在地，而这样的场景不仅存在于小说里。

所以，人们把走在公共道路和街道上的人误认为乞丐或劫路者也情有可原，毕竟不乘马车而选择走路的旅客相当可疑。本章开头登场的德国牧师卡尔·菲利普·莫里茨，四处寻找能落脚过夜的旅店，但无论他找到哪里，店主都只会冷淡地跟他说，"不凑巧，我们已经没空房了。"最后，莫里茨受不了，做出了让步，恳求店主说："有长椅让我睡也行，我照样付你一晚的住宿费。"但他还是被拒绝了。社会舆论对徒步行走就是如此不宽容。人们通常认为，在路上走的人不是要饭的，就是打劫的。

因此在旅行时，无论是英国国内还是欧洲大陆，乘坐马车出行是人们普遍选择的方式。

"先行者"的出现

在马车发展成普遍交通工具时，特别热衷于步行的人也出现了，甚至有外出旅行时放弃了马车而选择徒步的人。这种特殊现象是18世纪50年代出现的，当时社会舆论还是赋予步行极其负面的含义。

下文介绍的人物，认为深入挖掘自身资质基于步行之上——威廉·考克斯，英国国教会的牧师兼历史学家。1775年到1788年，他作为壮游的随行家庭教师，陪伴3位贵族子弟完成了旅行。他极力提倡有条件步行的话尽量步行，也亲自走遍了欧洲大陆。作为历史学家，考克斯敏锐地观察了造访过的地点，通过步行探察史料。他确认了历史遗迹和史实并落实为书面的历史记述，在1784年出版了《波兰、俄罗斯、瑞典、丹麦游记》(*Travels into Poland, Russia, Sweden and Denmark*)。身为教师，他希望告诉人们，行走使得细致观察之前看不到的对象成为可能。彭布罗克伯爵为了犒劳他对贵族子弟的指导，将诗人乔治·赫伯特的旧教区赏给了他。

考克斯徒步旅行的目的是撰写历史著作，而那时的诗人中，也有人为了创作而迈开双腿，周游荷兰、德国和瑞士，写下《十四行诗》(*Fourteen Sonnets*，1789) 的诗人威廉·鲍尔斯 (William Bowles) 就是其中之一。徒步旅行与浪漫主义运动关系匪浅，而诗人威廉·华兹华斯充分体现了这样的精神，并以此为基础创作了大量诗歌。1790年，华兹华斯徒步2000英里以上并翻越阿尔卑斯山的经历，对他的后半生与诗歌创作都产生了深远影响。

徒步旅行即沉思

极端案例——"行路者"斯图尔特

约翰·斯图尔特曾在1783年徒步从印度走到英国，他被称为

"行路者"斯图尔特。他致力于追求哲学思考的行走，足迹遍及全世界。从某种意义上来说，他的精神与且行且创作的诗人华兹华斯不谋而合。

"行路者"斯图尔特从小就不愿按社会规范行事，说得好听点，是"没有被世俗污染"。1763年，16岁的斯图尔特壮志凌云，想要"发现人类苦难与幸福的原因，探索和研究幸福"。他去了马德拉斯①，在东印度公司担任书记官。后来，他从东印度公司辞职，担任过印度太守②的私人秘书，在迈索尔指挥过军队。1776年左右，他试图徒步环游世界。他从印度内陆出发，沿红海南下，前往非洲的埃塞俄比亚。接着从人们当时尚不了解的非洲内陆横穿阿拉伯沙漠③，足迹踏遍亚得里亚海④与地中海地区各国，1783年抵达伦敦。斯图尔特是素食主义者，他并未携带当时的旅人总会带的防身武器和装备，靠自己的双脚走完全程。

1784年，斯图尔特毅然徒步从北斯堪的纳维亚出发，最终抵达中亚地区全境。1790年，他出版了自己充满奇妙崇高精神的人性

---

① 马德拉斯（Madras），印度东南部城市金奈（Chennai）的旧称。17 世纪，英国东印度公司购买了沿海区域的土地，英国驻军建立了马德拉斯城市和港口。

② 指东印度公司建立的政权。东印度公司治理时期制度之下建立的国家称为土邦，印度教君主称为大君（Maharaja），穆斯林君主称为太守（Nawab）。

③ 阿拉伯沙漠是占据阿拉伯半岛的大部分区域的沙漠，由也门延伸至波斯湾、阿曼至约旦及伊拉克，是世界上最大的沙漠之一。

④ 亚得里亚海是地中海的一个大海湾，在意大利与巴尔干半岛之间。在中世纪，该地区有重要的战略意义。

论，还在人来人往的路上身穿亚美尼亚人的民族服装进行宣传。人们嘲笑他，说他像个宣扬苏格拉底思想的古代水手。斯图尔特对自己的言论在英国国内不被接受深感愤怒，于是前往美国和加拿大，到处行走、演讲，不过最后还是回到了英国。很快，斯图尔特又出发了，走遍了法国全境。在路易十六被处决前几周，他与华兹华斯相识，双方意气相投、一见如故。据说，当时斯图尔特关于政治的高谈阔论让革命意识尚未觉醒的青年华兹华斯感到相当震惊。1795年到1799年，由于在伦敦生活拮据，斯图尔特再次到美洲大陆边演讲边旅行，一路前行不知停步，不知不觉走到了遥远的南美洲大陆。1803年后，他定居伦敦，继续思索和步行，如此度过每一天，直到1822年2月20日去世。

斯图尔特是一个真正意义上的文化人，他有很多作家、哲学家、音乐家和政治家朋友，自己也是饱学之士，博学多闻，是掌握八国语言的"世界人"。19世纪初，以他为主人公的讽刺画盛行，笑剧《赫特福德桥》还把他当作主人公。可能是苦于嘲笑的声音，也可能是为了结束人们的误解，斯图尔特向爱丁堡大学提议捐款1000英镑，让他在学校开课，但遭到了校方拒绝。

他在步行中的思索成果包括《理性革命，或在自然界中建立万物结构：关于人类、人类智慧、道德真理与普遍的善》(*The Revolution of Reason, or The Establishment of the Constitution of Things in Nature: Of man, Of Human Intellect, Of Moral Truth, Of Universal Good*,

1789）、《道德行为起源发现之旅》（*Travels to Discover the Source of Moral Motion*，1790）、《最高杰作，或将道德世界从偶然性中归纳出系统的伟大论文》（*Opus Maximum, or a Great Essay to reduce the Moral World from Contingency to System*，1803）、《人类完美性的启示录》（*Revelation of Reason and Nature; Apocalypse of Human Perfectibility*，1808）、《穿过道德世界的网球 —— 孤独旅行者的一系列沉思》（*Roll of a Tennis Ball, Through the Moral World, a Ser. Of Contemplations, by a Solitary Traveller*，1812）等三十多本著述，全部为私人出版，只分发给自己熟识的人。这些书都是可以边走边读的12开小开本，正当读者以为它们是斯图尔特关于地理学、唯物主义和道德观念的思考时，书里又会突然插入诗文，最后甚至开始谩骂和斥责读者。这些书充满不切实际的想法与错综复杂、扑朔迷离的叙述，冗长不绝，堪称举世无双。作家托马斯·德昆西（Thomas De Quincey，1785—1859）相当理解斯图尔特。他曾这样评价斯图尔特："他无疑是个天才，但似乎不擅对外表达自己的想法。"① 朋友们认为，斯图尔特是崇尚内省泛神论②、信奉不以婚姻为前提的自由恋爱（他一生独身）的完美主义者，是"行走的思想家"。

在斯图尔特的代表性著作《道德行为起源发现之旅》中可以窥见

---

① 《湖畔回忆》（*Lake Reminiscences*）。——原注
② 泛神论（Pantheism），将大自然与神等同起来，以强调大自然的至高无上的哲学观点。认为神就存在于自然界一切事物之中，没有超自然的主宰或精神力量。

他的主张。他试图确立一种无法被更进一步分析的事物终极要素，并将这些要素的相互关系归纳为一种外在的和偶然的"原子论"。后来，在让世界天翻地覆的社会崩溃即将到来之际，斯图尔特陷入恐惧之中。他预感他们的母语——英语将在不久的将来彻底消失，于是向忠实读者发出信息，要求把自己的全部著作翻译成拉丁语，埋到地下。这位在不断思索中周游世界的哲学家与旅行者，将自己行走的果实深埋在泥土中，祈祷着它有朝一日复苏。

属于他的阿卡迪亚究竟在哪里呢？

旅行与浪漫主义运动

古典主义注重理性，其后，激情与情感逐渐受到重视，强调想象而非写实的浪漫主义兴起。古典主义是唯理的：相较于感性，更注重理性，强调遵守形式性、匀称和协调等；而浪漫主义则孕育着与古典主义截然相反的人文观点。一言以蔽之，浪漫主义的思想是对人的肯定，把人看作美好的存在，认为人的内心蕴藏着无限可能。因此，浪漫主义试图独立自主、不依靠外来干预，而是自发地体现它的精神。尽管存在着像"行路者"斯图尔特这样的极端例子，但把行走与思索联系在一起从而形成新的精神，这种尝试被称为18世纪末浪漫主义运动的精神支柱完全不过分。本章后半部分会详细论述浪漫主义运动和徒步旅行的关系，而在这里，我们以一位牧师从1790年到1800年进行的数次徒步旅行为中心，一瞥其意图、目的与精神，并探究徒步旅行的意义。

詹姆斯·普伦普特里作为轻歌剧《湖区旅行者》（*The Lakers*，1798）的作者而名列英国文学史。《湖区旅行者》讲述了在观光胜地湖区的妇女们热衷于植物采集、绅士们高声赞颂自然之爱的情况，剧中不时插入动人的歌唱。

让我们简略了解一下普伦普特里。他是剑桥大学王后学院院长、诺维奇大教堂名誉参事院士罗伯特·普伦普特里（Robert Plumptre，1723－1788）的三儿子。在纽康姆学校（Newcome's School）学习后，他进入王后学院继续深造，在那里，他遭遇了人生的转折。罗伯特与世长辞后，他的继任者艾萨克·米尔纳（Isaac Milner）推行大学改革，而詹姆斯·普伦普特里成了此项改革的"牺牲品"，被迫转

图 24　詹姆斯·普伦普特里

学到克莱尔学院。他放弃了在大学里工作，成为英国国教会的牧师。此时，他从高中开始的戏剧作家之梦逐渐清晰。

在诺维奇生活的普伦普特里，以英德文化交流的中间人威廉·泰勒（William Taylor）为中心，掀起了一场文化运动，同时形成了创作戏剧、小说、诗歌的文学社团。他与姐姐安妮（Anne Plumptre）、安娜贝拉（Annabella Plumptre）都加入了这个社团，参与文学活动。他的处女作《考文垂故事》（*The Coventry Act*，1793）得到了观众热烈支持（《诺维奇水星报》*The Norwich Mercury*，1793年1月19日号）。但下一部作品——1795年的悲剧《奥兹威》（*Osway*）却没有上演。他的姐姐们是英国国教的反对派，她们同情法国革命进而成为激进派。普伦普特里不太关心政治，他以颂扬人性道德为目的持续创作戏剧作品，先后写成了《观剧讲话四篇》（*Four Discourses relating to the Stage*，1809）、《英国戏曲精选》全3卷（*The English Drama purified,3 vols.*，1812）等。他终生未婚，也不想改变自己作为神职人员的平静生活。

不过，在普伦普特里作为神职人员波澜不惊的一生中，也曾经进行过一次大冒险。1790年到1800年普伦普特里尝试过的旅行中，1799年的那次在规模及质量上一骑绝尘。这次旅行历时近5个月。他4月底出发，回家时已经是9月底。值得注意的是，全程2236英里中，他靠自己的双腿走了1774英里。

1799年这趟旅行的主要目的是周游苏格兰高地。1745到1746

年，詹姆斯党叛乱被镇压后，英国公众对苏格兰越来越感兴趣。詹姆斯·麦克弗森（James Macpherson）的古诗《莪相》（Ossian）真伪之争、浪漫派诗人的大量作品、沃尔特·司各特的历史小说使苏格兰旅游的热潮一浪高过一浪。普伦普特里也敏锐地捕捉到了这样的时代浪潮，用行动做出了反应。他的游记附录里，有《莪相》争议的对错评判，也有在苏格兰村庄搜集到的《莪相》风格的诗作片段。而最能勾起人们旅行冲动的，是本书前一章提到的如画审美意识。

普伦普特里旅程的出发地是欣克斯顿，取道约克穿过诺森伯兰海岸，进入爱丁堡，然后到达苏格兰高地，再在湖区停留了一段时日。返程从北威尔士出发，经由英格兰中部地区抵达伯明翰，最后回到自己家，可称18世纪末典型的环游苏格兰路线。不仅路线非常典型，他做准备时阅读的游记和指南也都是当时最典型的旅行书籍。普伦普特里熟读了权威作者塞缪尔·约翰逊博士的《苏格兰西方诸岛之旅》（A Journey to the Western Islands of Scotland，1775）与博物学家托马斯·彭南特①的《苏格兰与赫布里底群岛之旅》（A Tour in Scotland, and Voyage to the Hebrides 1772，1774），甚至照着约翰逊博士的那本书安排了同样的行程。他还不忘随身携带托马斯·韦斯特的畅销书《湖区指南》，时常查阅。

他对旅行的兴趣与那个时代的旅行者们可以说完全相同。由于

———————————

① 托马斯·彭南特（Thomas Pennant，1726—1798），出身于威尔士的博物学家、旅行者、作家和古物研究者。

当时正值如画之旅的鼎盛时期，他对山川、瀑布等自然风光情有独钟，前往城堡、园林观赏，满足自己的热情。他拜访了园林理论的倡导者尤维达尔·普赖斯和美学家理查德·佩恩·奈特，参观园林时投入地欣赏如画之美。也许是这趟旅行的影响，第二年他甚至得以前去如画运动的倡导者威廉·吉尔平家登门拜访，和他亲切交谈。所以，无怪乎他会随身携带画具、速写本和望远镜，还有必备的克洛德玻璃镜。

前文提及的《湖区旅行者》中，有位名叫贝卡班加·韦罗妮卡①的女性角色，是醉心植物采集的哥特小说②作家。她兴奋地面对着眼前的绝景说："眼镜，把我的眼镜给我！我的'格雷'！嗯，'克洛德'和'普桑'都不适合这样的风景。我的克洛德玻璃镜到底去哪儿了？我必须得让这些壮丽的美景带上'吉尔平'那样的浓烈色彩。"克洛德玻璃镜是一种便携小镜子，以法国画家克洛德·洛兰的名字命名，是进行如画之旅的必备品。使用方法是，先背对着想要观赏的风景举起镜子，再以稍大的角度映出风景。接着通过微调，将镜中映像调整得如同克洛德·洛兰的画作，此时如画美景就"完成"了。景色被强制"剪裁"出了边框是此行为值得研究之处。镜框与画框行使同样的功能，让景色在框内的世界呈现。实际上，正如

---

① 《湖区旅行者》中提及的这个角色名为 Beccabunga Veronica，词序互换即为 "Veronica beccabunga"——"有柄水苦荬"，是一种车前草科的植物名。

② 哥特小说（Gothic fiction），18 世纪出现的英语文学流派，西方通俗文学中惊险神秘小说的一种。

歌剧中这位女士所说，克洛德玻璃镜备有各种不同类型的边框可供选择。

话说回来，为什么普伦普特里的旅行不用马车代步，而是选择极少有人选择的徒步方式呢?

"徒步旅行"这个词本身已经落后于时代，在当时已经成为带有怀旧意味的用语。与马车旅行相比，徒步旅行的成本确实低得多。但从当时人们普遍不愿徒步旅行的社会习惯来看，应该多想一想这样的选择代表了什么。普伦普特里之所以敢于选择徒步旅行，多亏了当时占据主导地位的精神倾向。诗人华兹华斯、柯勒律治等人积极开展的徒步旅行，影响力也渗透到了普伦普特里这一代人。普伦普特里对于浪漫派诗人所赞美的自然观当然产生了共鸣，但最吸引他的，还是湖畔派在深邃思考与崇高理念的支持下推崇的远离奢华的朴素生活方式。在普伦普特里生活的时代，徒步旅行已成旧习。他之所以敢于将其付诸实践，原因正是华兹华斯等人所倡导的那种利用徒步旅行深化思考的手段。在这种思考方式下，普伦普特里进行了极为质朴的徒步旅行，他的衣服、食物以及下榻的旅店都相当"朴素"，否定和舍弃了一切隐含着潇洒、豪华、华美的东西。所以，他在威尔士旅行中喜不自胜地如此描写：能吃到一顿有面包、芝士、煮鸡蛋的饭，是美妙的享受。被邀请到湖区某政治家的宅邸时，虽然用以招待他的不过是大麦面包和牛奶，但他心满意足、由衷感叹："真是一顿美餐。"

不仅在"食"方面，普伦普特里对"住"的选择也采取同样的方针。他总是在朴素的旅店下榻，这里的"朴素"并不意味着"干净整洁"。据普伦普特里的记述，他会因为床下的"尿壶的气味很重"，或是因为有时与醉酒的啤酒工人同居一室而整夜被酒臭味影响睡不好觉。访问湖区时，他也尽量住在当地人家中，也就是所谓的"借宿民宅"。

普伦普特里的徒步旅行是通过冥想与静思来审视自己，进而观照人生的自我省察之旅。为了实现这个主要目的，他认为自己应该拜访很多人、去到很多地方。例如，他到威尔士拜访"兰戈伦女士们（Ladies of Llangollen）"就清楚地表达了这种意图。

"（8月23日）因为我手里有别人为我写给兰戈伦女士们的介绍信，所以很快就得到了去她们居所喝茶的邀请函。我立刻动身去了她们的宅邸，在那里遇到了剑桥大学三一学院的查普洛老师，以及斯坦利夫人和她女儿。我们度过了一个非常愉快的文学讨论之夜。晚上10点钟，我们回了各自住宿的地方。""（8月24日）约定了上午11点在女士们的宅邸共进早餐。女士们虽然起得很早，但这里已经挤满了客人。"普伦普特里的游记中如是记述。

兰戈伦女士们

18世纪末的英国浪漫主义在兰戈伦女士们身上得到了体现，在此容我详细说明。

埃莉诺·巴特勒（Eleanor Butler，1739 — 1829）是沃尔特·巴特勒之女，出生于法国康布雷。当时家境富裕的天主教徒子女都会到欧洲大陆接受教育，埃莉诺也不例外。她在少女时期深受法国启蒙思想和天主教本笃会修道院影响，醉心于自由思想，表现出反宗教的立场。少女埃莉诺从法国回到爱尔兰时，她觉得陈腐的天主教制度令人唾弃，连神父都是她所不齿的对象。对于埃莉诺来说，与完全被宗教支配的父母在基尔肯尼同住的12年无疑是充满挫折的幽闭生活。她渴望逃离被孤独折磨、如同在牢房里单独监禁的痛苦生活。此时，她（当时已经快要30岁了）面前出现了另一位少女。

萨拉·庞森比（Sarah Ponsonby，1755 — 1831），尚布尔·布拉巴宗·庞森比之女，贝斯伯勒伯爵的表姐妹。她刚刚转学至基尔肯尼，还是个13岁的学童。两个孤独的灵魂在基尔肯尼邂逅了，双方产生了不可思议的情谊。将两人联系在一起也许是艺术与卢梭的自由思想，但让这种联系加深的，则是永无止境的"孤独"。她们非常确定，如果分开，双方都无法得到幸福。

但不管她们的决心多么坚定，她们的家庭都不会容忍这种不检点的事情发生。于是，萨拉被送到远房亲戚家寄养，而埃莉诺被带回康布雷，家里让她准备嫁人。然而，别离似乎只能让两人之间的纽带更牢固。1778年3月30日的深夜，她们乔装成男人，带上手枪，打算私奔。然而在距离港口两英里的地方，父母派来的追捕者抓住了她们，把她们送回了家中。她们没有放弃，多次逃亡。最后，两

图 25 《兰戈伦女士们的家》（普伦普特里画）

家的父母态度逐渐软化了，允许她们住在一起。和家人的心理摩擦如何被化解我们不得而知，总之，她们俩开始了在威尔士的寒村兰戈伦的生活。

她们过着严格而自律的日子，精确安排时间，并把生活费用压缩到最低，通过读书和修建园林进行自我提升，实践着修道院般的清贫生活。渐渐地，社会上的人开始称她们为隐士。

共同生活大约两年后，夏洛特王后听说了民众之间对她们的赞颂，给她们写信询问有关房屋和园林设计的情形。以此为开端，后来惠灵顿公爵 ① 也拜访了她们，诗人威廉·华兹华斯、罗伯特·骚

---

① 惠灵顿公爵（Duke of Wellington），此处指第一代惠灵顿公爵亚瑟·韦尔斯利（Arthur Wellesley，1769—1852），19 世纪英国主要军事和政治人物之一，两次担任英国首相，是赢得并结束拿破仑战争的指挥官之一。

塞、安娜·苏厄德①都写诗赞扬她们。陶瓷大王乔赛亚·韦奇伍德对她们园林的岩石景观发表看法；博物学家与诗人伊拉斯谟·达尔文（Erasmus Darwin）带着孙子查尔斯·达尔文（Charles Darwin）登门拜访；小说家沃尔特·司各特也亲身前来。诗人拜伦在写给唱诗班男孩约翰·埃德尔斯顿（John Edleston）的"情书"中秘密表白："我们之间的爱不亚于兰戈伦女士们。"成为著名诗人后，他将出版的长篇诗歌故事《海盗船》（*The Corsair*，1814）赠送给女士们。

关注兰戈伦女士的不仅仅是艺术家。英王乔治三世授予她们特别年金，法王路易十六向埃莉诺赠送了王冠，德国著述家赫尔曼·冯·皮克勒-穆斯考（Hermann von Pückler-Muskau，1785—1871）慷慨地称她们是"欧洲最有名的女性"。

她们为何会成为世人如此关注和赞颂的对象，是个不可思议的谜。两位女士年纪不轻了，也不是艺术家和作家，甚至很难称得上是美女，而且她们的体型也略微有点丰腴。两位女士之所以引起人们的关注，很大程度上要归功于"传说"。甚至有谣言说她们俩是同年同月同日出生的孤儿。她们以男性的打扮隐居，甚至有人因此传说她们可能是间谍。毫无根据的流言蜚语逐渐扩散，兰戈伦女士们的传说由此成形。今时今日的女权主义者中，她们的传说也能引起共鸣，因此得到了相当大的支持。

---

① 安娜·苏厄德（Anna Seward，1742—1809），英国浪漫主义诗人。

图 26　兰戈伦女士们

　　不可思议的隐居生活、两人之间的奇妙关系、被称为"新馆（Plas Newydd）"的哥特式建筑宅邸、她们收藏的众多古董 …… 都为流言提供了养分。尽管这些流言是不实之词，但它们互相勾连，变成了更大规模的逸闻奇谈。不过，在所有传言中，只有"两人之间有着深情厚谊，避世而居"这一评价是始终不变的。这也成了不可动摇的"传说"。法国哲学家卢梭因为推崇对热情的释放，被称作"浪漫主义之父"。人们对他那种隐居生活抱有无限的憧憬，于是也把兰戈伦女士们捧成了圣人。这正是人们频繁拜访兰戈伦女士们的原因吧？

　　然而，现实中的"隐居生活"似乎并没有充满浪漫主义的情感，世人倾注在女士们身上的好奇眼光或许会让她们很难忍受。在浪漫主义泛滥的年代，两人的"浪漫友情"被作家和思想家们誉为理想，但我们必须知道，她们本人其实非常实际：她们并不支持法国大革命，而且思想观念也很保守。当她们的厨房女佣非婚怀孕的时候，甚至被她们解雇了。

约翰·梅特卡夫

普伦普特里在徒步旅行启程前做好了细致的准备，包括了解自己计划见面的人。

他煞费苦心地从熟人那儿打听消息，致力于使后续的见面聊天变得高效。比如，他熟读了约翰·梅特卡夫（John Metcalf，1717—1810）的传记（《约翰·梅特卡夫传——"盲人杰克"的一生》[*The Life of John Metcalf, Commonly Called Blind Jack of Knaresborough*，1795]），想要了解他的生平。他对这位著名的道路建造者怀有极大兴趣的原因可能不止一个，对他有着非同寻常的关注。将普伦普特里在自己游记中所描绘梅特卡夫形象与梅特卡夫传记相比较，就能很清楚地看出普伦普特里对什么感兴趣。

约翰·梅特卡夫生于1717年8月15日，4岁上了小学，第二年因患上天花而双目失明。尽管眼睛看不见，但他依然能骑马、游泳，还是打牌高手。他酷爱赌博，热衷斗鸡和赛马。

他很擅长小提琴和双簧管，从15岁开始为造访哈罗盖特的游人演奏，挣钱维持生计。他的商业头脑相当出色，差不多从那时起就

图 27　约翰·梅特卡夫

开始做马匹生意了。对于女性他也有着同样的热情，似乎有过不少风流情史。

20 岁时，梅特卡夫和本地旅店老板的女儿多萝西·本森（Dorothy Benson）相遇，两人互许终身。不过梅特卡夫后来和其他女性有了不轨行为，在哈罗盖特无处容身，被迫搬到了伦敦。他在伦敦遇到了从事道路管理的利德尔上校（Colonel George Liddell），在上校的提携之下，他成功地做了不少生意。曾有一次，上校要求梅特卡夫陪同他从伦敦到哈罗盖特去。他向上校提出挑战："我们打个赌，您坐马车，我走路，看看谁能更早到。"结果梅特卡夫用 5 天半就走完了 20 英里路程，赢得了胜利女神的微笑。这是因为，他深知哈罗盖特周围的道路崎岖程度，而且总往返于哈罗盖特和伦敦之间。他有自信，只要走过的路就烂熟于心。普伦普特里对他产生兴趣的原因除了他是个盲人，恐怕也因为他的步行经历。此外还有一点：梅特卡夫是个身体力行建设道路的人。普伦普特里的游记中多次提到道路状况，他很关注地区之间的道路。

1739 年，梅特卡夫回到哈罗盖特镇，得知多萝西即将嫁给他人，但他们彼此依然相爱，于是在结婚前一天私奔了。普伦普特里可能很喜欢这段故事，他特意在注释中写道："梅特卡夫从来没有以自己是个盲人为由麻烦过别人，但在私奔的时候，因为要确认在窗边点燃的蜡烛信号，他头一回拜托了自己的朋友。"

梅特卡夫与多萝西成家后生了四个孩子。婚后，他启动了自己的驿站马车事业。不限于客运，他还将鲜鱼运输到内陆大城市利兹和曼彻斯特。1745年詹姆斯党叛乱①发生时，他加入约克郡桑顿（Thornton）上校的军队，并参加了在福尔柯克的战斗。梅特卡夫发挥了自己的商业才能，他虽然在军队里服役，却经常购买苏格兰的纺织品，还参与了军需用品的运输工作。1751年，34岁的梅特卡夫开始了约克 — 纳尔斯伯勒（Knaresborough）的邮递马车工作，也是在这时，他找到了决定一辈子从事的事业。梅特卡夫深切地体会到，要想发展新的交通方式，就必须维修改造道路与铺设新路。

1752年，第一次公路收费法案通过，巴勒布里奇（Boroughbridge）至哈罗盖特的收费公路开通。梅特卡夫抓住了这个机会，他向测量工程师托马斯·奥斯特勒（Thomas Oastler）建议，公路上每隔3英里设置一个收费站。被梅特卡夫崭新想法打动的相关人士，后来还

---

① 1745年詹姆斯党人叛乱是查尔斯·爱德华·斯图亚特为他的父亲詹姆斯·弗朗西斯·爱德华·斯图亚特夺回英国王位的一次尝试，目的是复辟斯图亚特王朝。詹姆斯党（Jacobitism，又译雅各布主义、雅各布派等），指支持英国最后一位天主教君主詹姆斯二世及其后代在被废黜以后重新夺回英国王位的政治、军事团体，多为天主教教徒。

委托他建造新桥。1754年8月，桥梁落成后梅特卡夫赚到了500英镑，于是卖掉了邮递马车生意，决心一生投身于道路建设。他扎实可靠的工作态度大获好评，兰开夏郡、德比郡、约克郡和柴郡纷纷有人委托他修路。

梅特卡夫很清楚哈罗盖特周边地区有很多湿地，因此发明了新的施工方式，在路面铺上石楠和荆豆枝干，再在上面覆盖泥土。修筑9英里长的道路要用400名工人，依照这种方法修好的路，20年都不用维修，完成度非常高。后来，梅特卡夫分别以4500英镑和6500英镑的价格接下一条21英里、一条26英里的修路订单。他一辈子修建道路的总长度超过120英里，赚到了4万英镑。他的机敏来源于失明而导致的慎重和他对细节的关注。

约翰·梅特卡夫通过公路建设成为当地的文化中坚，让普伦普特里颇感兴趣。梅特卡夫与普伦普特里当面聊天时，提到了自己失明的惨祸："这是上帝赐给我最好的安排。要是没有失去视力，我身上就势必会发生最坏的事。"他平静地说。身为牧师的普伦普特里或许对他的话颇有感触，他在游记中感慨万千地写下："约翰·梅特卡夫有4个孩子，9个孙辈和35个曾孙辈，享受着天伦之乐。"尽管梅特卡夫双目失明，但他依然行走于旷野，并走出了一条与普伦普特里不一样的路。对此，普伦普特里似乎深受震撼。

旅游的产业化

正如上一节开头所述，只有少部分既有钱又有闲的人能游山玩水。尽管有能力旅行的人有限，但旅游活动还是切实稳步地推广开来。

徒步旅行家普伦普特里敏锐地观察到了旅游产业化的实际情况。他描述了开设在湖区一带的几所"博物馆"，让我们看到了当时的实际情况——观光产业和现在几乎形式相同，并且快速发展着。

"（8月2日）晚饭后，我走到了克罗思韦特博物馆。虽然很遗憾我的提督老友没在那里，但他的健康情况好像还不错。"普伦普特里在游记中如是说。提督老友指彼得·克罗思韦特（Peter Crosthwaite），他在远东服了4年兵役后，去诺森伯兰做了几年海关官员，于1775年回到了故乡凯西克。看着成群结队到湖区来进行如画之旅的游客，颇具商业头脑的他在凯西克开设了博物馆，出售游客们争相购买的物品。

普伦普特里向我们展示了被克罗思韦特自称为"旅游商业"的业务实际情形——"可以看到湖区全貌的自制地图、韦斯特的旅游指南、硬币、闪亮的矿物、植物标本等，其中陶瓷钟是最为出色的。商品一经展出立刻售出。然而，这儿展示的商品过于繁杂了，甚至还有世界烟斗精选，是怎么回事呢？另外，他竟然列出了自己姓氏的16种拼法，让人实在很费解。"

在克罗思韦特的自制地图上，他给自己加上了"凯西克舰队提督、凯西克博物馆馆长"的头衔，除此之外还有"湖区观光导游、船长、地图绘制者、水路测量师"等称号。最热门的商品是《湖区七景》，囊括了"德文特湖""波克林顿""温德米尔湖""阿尔兹湖""巴森斯韦特湖""科尼斯顿湖"和"克拉莫克湖"，当然也附上了韦斯特的指南书里所安排的那些能将湖区绝景尽收眼底的"观景点"。1783年出版后，到1819年已再版多次，可见旅客需求之旺盛。

普伦普特里在此之后又作了一段有趣的记述。"凯西克还有一个博物馆，是导游兼植物采集者赫顿（Hutton）经营的，展示精美的植物和化石标本。但克罗思韦特和赫顿水火不容的关系令人困扰。"可以说，当时湖区的旅游业者之间，其竞争的激烈程度已经到了针尖对麦芒的地步。赫顿的合伙人詹姆斯·克拉克（James Clarke）在湖区经营着几家旅馆（1787年），也制作和销售旅游指南。克罗思韦特的博物馆里不卖克拉克的"旅游指南"，他的理由是记述不准确，但也许还有别的原因。克罗思韦特曾与约瑟夫·波克林顿（Joseph Pocklington）合作拓展旅游事业。普伦普特里在书中写道，克罗思韦特坚决拒绝卖东西给那些对波克林顿说三道四的游客。此外，克拉克那本对克罗思韦特出言不逊、破口大骂的"指南"，至今仍是巴罗公共图书馆的馆藏。

　　普伦普特里的徒步旅行充分捕捉了第一次工业革命正在推进，而圈地运动也即将席卷英国这一时期的时代样貌。他的徒步旅行记录也是一种证言，表达了作为生活在动荡时代的牧师通过行走确认的价值观与情感。1799年徒步游记的开头，他写了这样一句带有自我训诫意味的话，给人留下了深刻的印象：乘坐马车的旅行者什么都看不到，而唯有脚踏实地地行走，才能发现看不见的东西。

行走即诗歌

　　上一节指出，徒步旅行是18世纪末浪漫主义运动的精神支柱。当时已经有众多浪漫派诗人开始探寻"行走"的真意了，我将根据实际作品来进行详细介绍。

在空想中行走 —— 柯勒律治

　　首先出现的这个例子，将步行与生命赞歌紧密结合。

　　这首探讨步行与诗歌关系的著名诗歌，创作的起因是诗人华兹华斯的好朋友塞缪尔·泰勒·柯勒律治遭遇的家庭变故，这多少有一些讽刺。

　　那天早上，随笔作家查尔斯·兰姆（Charles Lamb，1775—1834）和住在附近的华兹华斯兄妹来到柯勒律治家，原本打算四人一起去漫步山野。兰姆的家庭刚刚遭遇惨痛的变故：他精神失常的姐姐玛丽因为刺杀亲生母亲被送进了精神病院。柯勒律治为了给兰姆支持和鼓励，制定了这个小型徒步旅行计划。而且，柯勒律治也很清楚和华兹华斯一起散步是多么激动人心，为了享受和华兹华斯一起聊天漫步的乐趣，他们家甚至特意搬到了华兹华斯家附近。

可是偏偏那天早上，妻子把煮沸的牛奶洒到了柯勒律治脚上。虽然烫伤不太严重，但他也没法出门了。没办法，柯勒律治只好留在家里，而其他人则兴致高昂地向着原定的目的地溪谷出发，身影消失在原野之中。被迫留在家中的柯勒律治自然十分郁闷。诗歌的标题也暗示了这种心情：《这椴树凉亭 —— 我的牢房》(*This Lime-Tree Bower My Prison*，[1797，1800])。当然，"牢房"并不是字面意思，而是强调柯勒律治没能成行的沮丧与失望。柯勒律治不得不在院子里的树荫下等待，郁闷的心情成就了强有力的诗歌表达。因为在柯勒律治看来，他的心情就像"被囚禁"那样万念俱灰。

这首诗的出发点是柯勒律治仿佛被抛下的挫折感，以及抱怨无处可去的现实。熟知目的地情况的自己被留下了，而朋友们却享受着散步的乐趣。向乐在其中的朋友表达自己的不甘，也在情理之中。他感叹，即使自己老态龙钟时，也会始终留在心底的"那份美好的友谊"，已经永远失去了。对"那些在富有生机的荒原和山顶上兴高采烈四处漫步的朋友们"，他油然而生一种无法原谅的心情，甚至感觉"这辈子再也不想见到他们了"。

　　诗人在树荫下想象着朋友们的漫步，结合朋友们的动向在空想中创造出了一场散步。一行人来到了一个白天仍旧光线昏暗的小山谷，在狭窄、深邃、植被葱郁、阳光照不进去的山谷里，一棵白蜡树纤细的枝干在岩石之间拱起。它湿漉漉的黄叶在瀑布飞溅的水珠中摇摇晃晃，被打湿的深绿色杂草点着头滴下水珠，像是在鞠躬行礼。大概是考虑到朋友查尔斯的心情，才采用了这样的表达方式吧。这里没有自然的清新感，在山谷的狭窄空间中自然生长的野草"湿透了，一致低下了头"，反而让人感到心情沉重。

　　接下来，在诗歌中朋友们所处的场景骤然转移到了晴朗的蓝天下。"山丘和草地高低起伏，像是许多壮丽的尖塔。远处的大海上是顺风满帆的船只，白色的船帆鼓起，映入人们的眼帘。"最爱这番景象的无疑是查尔斯·兰姆。他在伦敦被迫过着被幽禁般的生活，此时应该全身心洋溢着欢乐和喜悦。诗人想要借助自然的力量为朋友打气，真希望他能从"那件事"里走出来啊。辉煌的太阳、西照的落日、辽远的森林和碧蓝的大海 —— 给我的朋友力量吧。朋友在大自然面前一定会深深感动，"漂浮在光之海"，沉浸在一片欢喜中吧。

　　见证朋友在自然中重获新生的同时，诗人产生了一种意想不到的情感 —— 说不定没能去散步也挺好的。柯勒律治内心升腾起一种强烈的冲动。他忍不住想：与自然融为一体、升华和观照内心，不必真的到大自然中去才能实现。反倒是自己困在这椴树的树荫下，凝视眼前的树叶，会不会这样反而更深刻地接触了自然？ 他意识到，被他称为"牢房"的椴树树荫，其实就是自然本身。

　　夕阳晚照，树叶通体透明

　　阳光洒在树叶上，头顶上的枝叶

　　在地上投下了阴影

　　多么美丽啊

　　周围的核桃树、榆树和常春藤都在暮色中展示着自我，在诗人眼前展现令人叹为观止的色调，如同开始笼罩着诗人的帷帐，呈现出绝妙的色彩。

　　不仅是植物，蝙蝠无声无息地飞过，燕子也停止了鸣叫，但仍有一只蜜蜂在豆花丛中振翅，嗡嗡作响。诗人的想象延伸到了身边的昆虫和小动物，它们的形象成为自然的一部分浮现出来。

　　于是，诗人得到了天启 —— 如果用纯洁的心灵直面自然，自然总是会给予回应。他深信，如果以敏锐的感觉来对待爱与美，自然便一定会给你回报。

　　这首诗从诗人柯勒律治和朋友查尔斯·兰姆两人各自的视角出发，在幻想中漫步，它如实地展现了在行走中创造节奏和意义的过程。这首从失望开头的诗，传递出活着的喜悦，以讴歌"生命"（Life）

作结，确实意味深长。

当时，居住在威尔士的英国国教会牧师与博物学家威廉·宾利（William Bingley，1774—1823）、约瑟夫·赫克斯（Joseph Hucks，1772—1800）、艺术品爱好者理查德·沃纳（Richard Warner，1763—1857）等人，都想把自己的漫步与著述结合。赫克斯也是柯勒律治的朋友，他们俩在1794年6月中旬决然出发，到北威尔士进行徒步旅行。柯勒律治在备忘录中记下了大量自己沿途思考的哲学问题，对步行与身体的关系、步行与风景等主题，都进行了深入思考。关于步行和诗作，除了《椴树》，柯勒律治还写下了《孤独中的忧思》（*Fears in Solitude*）一诗。过了一些年头，柯勒律治由于健康原因停止了散步。在那之后他再也没有以行走的节奏写过自由诗。

游走即热情 —— 华兹华斯

浪漫派诗人进一步深耕了步行与诗作的主题，约翰·济慈（John Keats，1795—1821）也在诗歌和日记中多次将其作为主要问题进行探讨。无需多言，威廉·华兹华斯是最大程度地体现了步行和诗歌关系的诗人。

华兹华斯对行走意义的认同和深入拓展，在思考步行与创作的关系时是不容忽视的。从住宅附近的散步开始，到前往欧洲大陆壮游、跨越阿尔卑斯山，他以这样的壮举成为公认的徒步旅行者。华

图 28　威廉·华兹华斯

兹华斯以后的30年间，柯勒律治、济慈、雪莱、黑兹利特等浪漫主义代表作家都是徒步旅行的热情实践者；而进入维多利亚时代后，莱斯利·斯蒂芬（Leslie Stephen）、罗伯特·路易斯·斯蒂文森、希莱尔·贝洛克（Hilaire Belloc）、爱德华·托马斯（Edward Thomas）等思想家和作家又继续将这样的传统发扬光大。

华兹华斯对游走——也就是漫步，怀抱着一生不变的热情。他在叙述童年往事的《序曲》（*The Prelude*）开篇就将行走歌颂为无与伦比的"欢乐"。

（在我还很小的时候，那个夏天我还没满九岁）

山坡上冰霜遍布，冷风阵阵

当秋日仅存的藏红花也凋零的时候

夜幕降临时，在悬崖之间和

山鹬嬉闹的平缓洼地里走来走去

是一种无上的快乐

在他的妹妹多萝西所著的《阿尔福克斯顿日记》(*The Alfoxden Journal*) 中，随处可见类似这样的记载："（1798 年 4 月 7 日）我们在吃饭前爬上山，抵达小溪的源头，然后从山顶返回。骤雨的早晨站在山顶，雄伟壮景尽收眼底。" 在晚上或是暴风雨天出门也不是什么稀罕事，行走显然已经成了华兹华斯的日常习惯。他大概是用双脚踏着大地的方式谋求自我与自然的交流。

> 我至今仍清楚地记得永远变化的大地
>
> 在十年间，它的面貌不断改变着
>
> 记忆如此深刻
>
> 还是幼童的我，从那时起
>
> 不知不觉就与那永恒的美心意相通

诗人很小的时候便在四处散步中获得了一种神秘的体验。与自然共鸣的他，心头涌上 "人类原本的纯粹欢乐"。而和自然独处时，会更加强烈地意识到与自然的交流。

> 在青年时期，巨大的欢乐是
>
> 独自在公共道路上行走
>
> 道路隐没在静谧夜色中

> 比起无路可走的荒原
>
> 此处更充满深沉的寂静

独自一人沉潜在"深沉的寂静"中，沐浴在自然的声音和光芒里，"乡村满载着平和与孤独"，让全身充满无需"四下环顾"的至臻幸福。"沉默不会与眼睛交谈，只有耳朵和身体会有感觉与回响。"华兹华斯捕捉了"华丽的幻影成为和谐形象"的瞬间。从华兹华斯的幼年到成年，"公共道路"对他而言似乎都是强大的灵感源泉。

> 我喜欢宽阔的公共道路
>
> 没有哪般景色能比它更令人惬意了
>
> 它比我从少年时代开始
>
> 走过的任何地方
>
> 都要遥远，消失在荒芜山岗的另一边
>
> 凝视一条路，能够
>
> 通向永恒、通向未知、通向无限
>
> 像指路牌一般
>
> 激发着无限的想象

"公共道路"是华兹华斯通往自己构建的诗意世界之"路"。当诗人凝视着一条延伸到远方的"公共道路"时，与自己的想法嬉戏着，经历各式矛盾与冲突，最终，想要追寻的诗歌就诞生了。"公共道路"是诗歌创作的"指路牌"，同时也是激发"想象"的场所。在这个意义上，公共道路上的行走促进了诗作的诞生。

柯勒律治喜欢在沙石路或林间小道上散步时创作，而华兹华斯则在偏爱平直的小路或是不会让思考中断的安静场所边走边写诗。这是总在两位诗人身边进行敏锐观察的批评家威廉·黑兹利特的证言（《与诗人们的初识》[*My First Acquaintance with Poets*]）。

追求心灵的满足 —— 孤独而克己

小说家罗伯特·路易斯·斯蒂文森以1886年的《化身博士》（*Strange Case of Dr. Jekyll and Mr. Hyde*）闻名，他的随笔《徒步旅行》（*Walking Tours*，1876）与其中提及的威廉·黑兹利特《踏上旅途》（*On Going a Journey*，1822）一文，还有亨利·戴维·梭罗（Henry David Thoreau，1817—1862）的《散步》（*Walking*，1862），被认为是重新审视步行意义的著名随笔，被奉为步行文学的"圣典"。斯蒂文森的这篇随笔重新追问了之前探讨的"行走"的意义，阐述了行走与思索的关系有多深刻，行走又是如何激活思维的。但这篇文章主题很有意思，它从一开始就否定了英国人所钟爱的乡村之美。作为苏格兰人，斯蒂文森原本就对英国人对乡村的溢美之词不以为然。与这部作品同一时期的一篇爱丁堡游览指南，副标题虽然在赞颂"如画美"，但满篇皆是与它完全相反的讽刺性记述；不过，斯蒂文森并不否定乡村与阿卡迪亚理想。相反，他或许是想追寻这些传统概念的真谛吧。

这篇随笔曾刊登在思想史家莱斯利·斯蒂芬主编的文艺杂志《康希尔杂志》（*Cornhill Magazine*）上，首次承认它的价值的，正是行走的思想家斯蒂芬。斯蒂芬是维多利亚时代著名的阿尔卑斯山登山家，以腿脚强健能走远路著称。他在《步行礼赞》（*In Praise of Walking*，1902）中论述了步行与诗歌的关系。斯蒂芬不喜欢自吹自擂，但他经常回忆说，是自己发现了斯蒂文森的文学天分。将两人联系在一起的共同点，除了步行别无其他。

《徒步旅行》追寻了从出发到到达的过程，详细观察旅行中的"自我"，分析了"步行"的意义。它不断将步行与精神相联系进行论述——出发时的兴致、步行的速度、抵达时的陶醉感。

首先，为了独自沉浸在深度思考状态中，徒步旅行必须得独自进行。因为以沉思为目的，所以当然要对欣赏风景抱持否定态度。徒步旅行不应该是欣赏乡村风光的便利方式，要看风景的话，就应该坐火车，毕竟"没有什么比透过车窗看到的窗外景色更生动的了"。真正理解徒步旅行的人，并不渴求看到如画胜景。从这里不难看出，斯蒂文森对乡村的否定和对如画之旅的批判，他试图重新审视以往的传统。为了追求心灵满足而踏上旅途，目的是寻找出发时的希望与活力，以及抵达时的内心平和与满足。步行始终被认为是一种满足自我的行为，为了达到这个目的，步行的全程必须保持同样的兴趣。不要一味地冲向终点，而要学会把这种兴致保持在连贯的状态，要学会释放自我，安排好步行的配速。在徒步旅行中，不应该只追求速度和距离。斯蒂文森忠告说，长途旅行的人务必要自律，要避免狂饮美味的库拉索酒 ① 这种愚蠢行为。也就是说，只有以自己的速度行走的人才能迎来"平静的夜晚"。

徒步旅行只能独自上路。一旦有了同伴，它的层次就会沦为野餐。坚持单独行动是为了确保自己的自由。在获得精神的自由之后，就能得到行动的自由，决定行走的方向，前进还是止步。要避免走得太快或步伐太小，要保持自己的行走步调。"必须对所有的印象敞开心扉，让思想从所看到的事物中染上色彩。"与朋友同行无异于主动放弃"冥想式的宁静"，试着将自己置身于"大脑从眩晕朦胧转向平静状态的特殊时刻"吧。

旅行的第一天，痛苦会持续袭来。不过不久后，身体便会充满旅行的精神能量，让心情焕然一新。还有什么能比启程更令人快活呢？斯蒂文森提出了他所主张的行走方式。

他认为黑兹利特是最能彻底看透徒步旅行本质的人，并引用了黑兹利特随笔《踏上旅途》中的一段话 ——"头顶晴朗的蓝天，脚踏碧绿的草地，面前是曲折蜿蜒的道路。走三个小时，然后用餐，接着就开始思考，不知不觉高兴得笑出声来，而在欢喜之余，跑着、

---

① 库拉索酒（Curaçao），一种利口酒。

跳着、唱起歌来。"

　　不过斯蒂文森提醒道，虽然上述文字引用自大师黑兹利特，但最好不要"连跑带跳"。这不仅会使呼吸过度，还会破坏步伐。"打乱步调的行为会让身体不适，扰乱精神，使人焦躁不安。"应当谨防会破坏精神活动和谐的极端行为。我们要轻松愉快地思考，像孩童或是像一场晨梦。

　　其次，是思考连续步行过程中感到的疲惫。行走刚开始，人会沉醉于置身户外的美好，心情也会变得明朗。但是到了最后，就不会放声大笑了。然而，斯蒂文森提醒人们注意，只有在这样的疲劳中，才能体会步行的喜悦。"纯粹的动物性快感、肉体上的幸福感、每次呼吸时腿部以下肌肉收紧的喜悦感等"笼罩着步行者们。

　　根据斯蒂文森的说法，徒步旅行中的休息和露宿，目的是让因步行而疲劳的身体在树荫下得到休憩，接着会自然地陷入沉思。"在路边尽情享受散步吧。最幸福的千年王国即将到来。丢弃钟表，忘记时间，脱离光阴拘束的生活将会通往永生。"大城市中，时钟像在打赌一样慌慌张张地展示着时间，片刻不休。现代人的顽疾是过度工作，而"徒步旅行是最能缓解这种毛病的"。在树荫下休憩是对自由的充分享受。

　　徒步结束后，品尝烟草的芳香、享受朗姆酒的滋味，接着他就提到了阅读。"感觉语言前所未有的新鲜与和谐。以这样的心情阅读，会觉得书里每句话的细节都明晰晓畅。"因此，甚至会让人产生一种错觉：这书该不会是自己写的吧？ 在这个意义上，步行和阅读是相互关联的，《金银岛》的作者斯蒂文森推荐黑兹利特的随笔集、海涅的诗集、劳伦斯·斯特恩（Laurence Sterne）的小说《项狄传》（*The Life and Opinions of Tristram Shandy, Gentleman*，1760 — 1767）作为徒步行走的伴侣。

斯蒂文森侃侃而谈：徒步旅行中，快乐自步行结束始。"肌肉舒畅而放松，肉体洁净而健壮，没有什么事情必须要做。无论活动身体还是单纯坐着，都带着一种王者般的自傲。"可悲的是，我们现代人"被光亮的表盘所牵绊"，无休止地做着远大的规划，却连去思想之国旅行的闲暇都没有。在"永恒的嘲笑性的静默"中努力寻找活着的证明，却无法得到活着的实感。那人们该怎么办呢？踏踏实实地观察沉思吧，这大概就是认识智慧与德行，获得幸福的捷径。

结束徒步旅行后沉浸于感怀之中 —— 自己到底是个哲学家还是个大傻瓜？但无论如何，你度过了一段充实的美好时光。因此，明天的旅行应该带着旅人的身心前往另一个无限的世界。

《携驴旅行记》

1878年9月23日，斯蒂文森带着一头驴在法国南部的塞文山脉进行了历时12天的旅程。这一年，斯蒂文森28岁。这段旅程的

图 29　《携驴旅行记》

记录就是拥有众多读者的游记《携驴旅行记》（1879），时至今日仍被人们喜爱。日本读者也因小沼丹、吉田健一的翻译而熟悉了这本书。

斯蒂文森在旅行中让身体承受极限的压力，与孤独作斗争，他怀抱着对将来的不安，让怀疑缠绕信仰。此时的斯蒂文森，找不到生活的答案。作为一名作家，他写不下去东西，每天都很憋闷，带着驴子在法国山区的步行之旅正是一次心灵的流浪。

明明附近有铁路却不坐火车，硬要携驴徒步纵贯山脉，可以说这是一种"反旅行"了。

是什么让斯蒂文森的旅程如此吸引人？读过这本书，很多旅人同样造访了那片土地。在斯蒂文森旅行结束近30年后，J.A.哈默顿（John Alexander Hammerton）沿着同样的路线徒步旅行，他向村民打听当年斯蒂文森的事，但是没人记得。不过村民记得曾见过几位携驴的旅行者（《追寻罗伯特·路易斯·斯蒂文森在古代法国走过的路》[In the Track of R. L. Stevenson and Elsewhere in old France,

1907])。那之后，想要体验斯蒂文森经历的人依然络绎不绝。罗伯特·斯金纳（Robert Skinner）的《没有驴子的旅行》（ *In the Cévennes Without a Donkey*，1926）、安德鲁·J. 埃文斯（Andrew J. Evans）的《纵贯塞文山脉——追寻罗伯特·路易斯·斯蒂文森和小温驯的足迹》（ *Across the Cévennes in the Footsteps of Robert Louis Stevenson*，1965）等，就是其中的典型例子。另外，传记作家理查德·霍姆斯（Richard Holmes）的《作家的足迹》（ *Footsteps: Adventures of a Romantic Biographer*，1985）一书，重现了女权主义启蒙思想家玛丽·沃斯通克拉夫特（Mary Wollstonecraft）、诗人雪莱、作家内瓦尔（Gérard de Nerval）的旅行，试图贴近作品的真意与作者的心情，《携驴旅行记》出现在这本书的卷首（首次发表于英国文学杂志《格兰塔》[Granta] 的游记特辑）。

这部游记里有很多令人愉快的事件和插曲，读者仿佛身临其境，与作者同行。但是还有一个问题：斯蒂文森对如何驾驭驴子一无所知，他为什么偏偏要携驴上路呢？是斯蒂文森有什么与众不同的隐秘爱好抑或是某种纨绔主义，还是有其他什么深思熟虑？

只能说，驴身上有着多重意涵。首先，读者最先读出的应该是驴子与旅人的距离。如果将人和家畜的主从关系放在最优先的地位上，难免会投入情感。这种违和感从何而生？驴子身上存在着的多重意涵，导致意义具有不稳定性和模糊性，驴绝非旅行者的装饰品或附庸。

　　首先，在驴和旅人的距离无限接近的瞬间，旅人就对驴子产生了感情。故事的开头，有"我"对纹丝不动的毛驴"小温驯"挥鞭的场面。

　　　我鞭打小温驯的声音，自己都听烦了。后来我看着它，发现它与一位从前待我很好的夫人很相似。我因此越来越自责：难道可以这样残忍地对待它吗？

　　一直只想着前进、无情地挥动鞭子的"我"突然对驴子产生了同情，也许是"我"对厚待自己之人的感情，通过驴子表现了出来。而和驴相似的那位女性，是怎样的人呢？我们在游记中不能过多解读作者的恋爱经历，但这位饱受恋爱之苦的年轻人将自己的感受寄托在旅行上，他努力诉说的心路历程一定引起了读者的强烈共鸣。

　　后面有一段相当哀切的内容——

　　　我们遇到了在路边游荡的另一头驴，很凑巧这是头公驴。小温驯和对方都喜形于色，而我只能挤进它们之间，把它们撕扯开来，猛烈地挥鞭殴打，击碎它们的这桩青春美事。要是这头公驴真的有种，就会对我连咬带踹吧。值得庆幸的是，它配不上小温驯的爱。尽管如此，这件事还是让我挺难过的，如同一切和我这头驴子的性别有关的事情。

这最后一句显然道出了斯蒂文森的心里话。而让斯蒂文森既喜且悲的是，这一路上，小温驯不断地迎来发情期。在这本游记中，爱、恋爱与性的话题反复出现。有了这些对人性的观察和记述，游记变得更富有情趣了。

斯蒂文森在巴黎认识了奥斯本夫人范妮（Fanny Van de Grift Osbourne）。这位美国夫人来法国，是为了孩子的教育和自己学习绘画。实际上，斯蒂文森在比利时和荷兰的运河上乘独木舟旅行时，就已经遇到了这位夫人，一见倾心。于是，在游记《内河航行记》（*An Inland Voyage*，1878）中，他吐露了这样的心声："当你划了一整天皮划艇，在夜幕降临时回到家里；看着熟悉的房间，你会发现爱与死就在这儿。最美的冒险不是我们出外寻找的那些。"邂逅这位美丽的夫人，既让斯蒂文森感受到冲上云霄般的喜悦，又让他体会到焦躁的绝望，如同被推下充满挫折的泥潭。心上人回到美国去办理离婚相关的手续，而斯蒂文森怀着对她的思念来到了法国，进行的正是这趟南法徒步旅行。所以在《携驴旅行记》中，处处流露着对她的思念之情。这本书的代序是书信形式，收信对象是斯蒂文森的朋友西德尼·科尔文①。斯蒂文森在信中坦言，书是给读者的

---

① 西德尼·科尔文（Sir Sidney Colvin，1845—1927），英国文学批评家，斯蒂文森著作的编辑者。两人相识于1873年，随后成了知交。

信，而只有朋友才能理解其真意，以及作品中流露的"爱之确证"。他半开玩笑地说："读者不过是慷慨支付邮费的赞助者。"

现在让我们回来继续讨论驴。自古以来，驴子就被认为是代表了神性的动物。在这个意义上，它们是寻求精神稳定之旅的完美旅伴。那么问题来了，斯蒂文森在文学上使用"携驴旅行"的形态，根据的是什么呢？

斯蒂文森在《徒步旅行》中说，自己随身携带的书籍之一是斯特恩的小说《项狄传》。让我们在此解读二者间的关系。

斯特恩在1767年11月12日写给朋友詹姆斯夫妇的信中说，自己写下游记《感伤之旅》（*A Sentimental Journey through France and Italy*）的意图是"想告诉世人，要爱这个世界，爱自己的同胞"，说他的作品"以温情与爱作为主轴"。斯特恩说，旅行是让这些人类的情感不受约束的最佳框架。这句话也适用于斯蒂文森。

斯特恩在《项狄传》第7卷和自己的游记中，表达出自己最重视的不是旅行的"过程"，而是旅行者在途中发生的情感，还有人在旅途时与他人 —— 包括与目的地的人民和其他旅人 —— 之间的心灵交流。

在第7卷中出现了驴的形象。而被认为是斯特恩代理人的叙述者，也毫不掩饰地展示着对驴非比寻常的喜爱和倾慕之情。

　　话说回来，这驴子对我来说是一种（无论多赶时间）也不忍

心鞭打的动物 —— 驴这种动物，无论是神情还是举止都流露出对痛苦的忍耐，这确实是一种有效的辩解，所以我对待它总是不知不觉地手下留情……不管它是自由之身，还是被人牵着走，我都忍不住想温和地对它说说话。而且说了就停不下来，一句跟着一句（如果它和我一样没什么事情要忙的话）—— 我总要跟它说说话的。

在书中，"我"会根据驴脸上的皱纹，想象驴子的回答。也就是说，可以充分和不会说话的对象滔滔不绝地交谈。斯蒂文森在孤独的漂泊之旅中选择驴子为伴的意图体现于此 ——"我感受到它的内心，体会到这样的情形下作为驴子会有什么样的想法，就像明白人类的想法那样。我的想象力从来没有比在这种情况下更活跃过"。无法忍受孤独时，斯蒂文森热切地向小温驯倾诉，并被它无言的鼓励所鼓舞。斯特恩故事中的叙述者说得很清楚："如果对象是驴，我可以一直说下去。"他说，所有动物之中，他没法和鹦鹉和鹩哥交谈，猿猴、家犬和家猫也不行。即使家犬有开口说话的能力，它也势必不会拥有谈天说地的才华，斯蒂文森和斯特恩也有相似之处。

在自身中寻找阿卡迪亚

在《携驴旅行记》中，紧随着祈祷的描写，有一段对精神医学

"定向障碍 ①"的描述，接着又是"今天天气变坏了，很冷。我吃了一点巧克力，喝了一口白兰地，趁着手指还没冻僵抽了一根烟"的现实描写。不同的叙述交织在一起，让史蒂文森的游记与旅行者的心情与行程产生联系，旅程变得更加丰富了。

"我"走过谢拉尔的村庄，吃完早餐，就要记日记了。而对于小温驯的感情，依然"冷得像土豆"，这头驴子在狂风中派不上用场，无法靠谱地背负行李。这个地方比令人心情郁闷的苏格兰更差，没有什么优点能让人提起旅行的兴趣。我不禁对旅行的毫无意义感到震惊，因为竟然有人想要到去这种荒无人烟的地方。接着是一段令人印象深刻的、关于旅行的自白——

> 要说我自己呢，我的旅行并不是要到什么地方去，只是为了上路。我是为了旅行而旅行的。最要紧的是要行动。是更切身感受到我们人类生活的种种困顿和障碍。是从文明的羽绒床铺上下来，意识到脚踩的地球是花岗岩构成的，并且有锋利的燧石散布于其中。

正是因为这一段内容，《携驴旅行记》具有了极强的现代性。它宣告：旅行的目的就是旅行，表露了旅行的现代意识观。旅行并不

---

① 定向障碍（Disorientation），意识障碍的一种，指对周围环境（时间、地点、人物）和自身状况判断或认识错误的现象。

是为了看到自己外在呈现的样子，而是要看到真实的自我。他忠告说，不要回避现实、不要只在自己的头脑里进行思辨、不要沉浸于空谈中。斯蒂文森通过旅行，寻找心中的乡村田园与阿卡迪亚，或许这才是极致的旅行。

在预示着黎明到来的蓝色天光中，听着树叶颤动的沙沙声，"我"醒来了。再次闭上眼睛反刍前一晚的经历，有一种说不上来的愉快心情复苏。尽管不得不露营在天幕之下，但"我"丝毫没有感觉到寒冷，醒来时沉浸在比以往任何时候都爽快的心情中，然后又陷入从未体验过的感慨——

即使是被女神迷惑而留在伊萨基岛上的尤利西斯，也不会有这样愉快困惑的心情吧。这就是那些勇往直前的早期航海家们所寻求的冒险。一夜醒来，发现自己被抛在热沃当的森林，就像流落到了荒岛，也像地球上第一个人类的经历。此时此刻，平日梦寐以求的事可喜地实现了。

斯蒂文森后来写了包括《金银岛》在内的众多冒险小说，他确实深刻把握了冒险的本质。冒险并不是追逐远方，而是周遭的事物和熟悉的所思所想，都发出新的光芒，仿佛初次出现般呈现在自己面前。

在这里，斯蒂文森提出了两点。其一，旅行者进行旅行的目的并不是前往未知的异乡，而是通过面对未知的世界来进行自我发现。其二，由于斯蒂文森的言辞略显兴奋，表达相当诗意，所以很难理解，但从"地球上的第一个人类"这个比喻中可以推测，他把旅人比作伊甸园里的亚当夏娃，表现的是人类诞生的瞬间。斯蒂文森是认真的，在接下来的旅程中，他多次体验到将身体交给神灵和觉醒的经历。

在其中一章的开头，他引用了约翰·班扬（John Bunyan，1628—1688）《天路历程》（*Pilgrim's Progress*，1678）中的一段——"道路肮脏泥泞，令人难以忍受。这地方也没有一家可以落脚的旅店或饭馆。"可以看出，斯蒂文森的旅行在某种意义上也是朝圣之旅。《天路历程》显然构筑了《携驴旅行记》的框架。不仅如此，班扬笔下的这个寓言，以简洁的笔触描绘了敏锐的宗教情怀，给饱受信仰困扰的斯蒂文森带来了深刻的启迪，而令人联想到钦定《圣经》译本的文体，也对他造成了影响。《天路历程》为18世纪小说的兴起奠定了基调，也是斯蒂文森小说创作的出发点，这非常重要。沃尔特·克兰（Walter Crane）在这部作品的插图中，将班扬的巡礼和斯蒂文森的旅程融合在一起。在山中遇到的那位老人是普利茅斯兄弟会的信徒，他的淳朴和信任他人的态度启发了作者对爱的思考，这段话如果从《天路历程》主人公"基督徒（Christian）"口中说出，也会非常自然：

爱是盲目的，只有经历一次又一次的误解，才能获得不可动摇的爱、忍耐和对人类的信任。如果我欺骗这位善良的老人，就会继续欺骗别人。如果能经历艰难的人生，最终于共同的家园相聚，那么我想和在山中遇到的普利茅斯兄弟会信徒们握手。光是想到这一点，就让我快乐。

图30　《天路历程》中的旅人
（沃尔特·克兰画）

书中有这样一段美丽的描写：精神被自然浸润，和自然融为一体，相互交流。也可以将其理解为对自然的祈祷。

屋子里的夜晚，死气沉沉而单调无味。但是户外的夜色非常轻盈，有星星、露珠和各种芬芳相伴。大自然发生的种种变化，是时间的标志。睡在墙壁和窗帘包围下几乎要窒息的人们，仿佛处于假死状态；而露宿在野外的人却能安眠，他们整夜都能听到大自然深沉自由的呼吸。大自然即使在休息中，也是活动的、微笑的。

1879年8月7日，斯蒂文森花掉《携驴旅行记》的全部版税 ——8个大几尼金币，买了一张去纽约的三等舱船票①。他没有告诉父母自己的去向，独自前往美国旧金山，在那里，他未来的妻子范妮在等他。"我不想再工作了。想把工作都丢下，只想休息 …… 在大森林中喘着气、流着汗前进，在太阳下一个劲地走下去。树木在夏日的微风中簌簌作响，我想在漫天繁星的夜晚去露营。"他把自己的心境写在这样一封信里，寄给了一位朋友，然后动身前往美国。永远在路上的斯蒂文森开启了新的人生旅途。

---

① 另有一种说法，他乘坐的是二等舱。

第四章 寻找"英国性"的伦敦之旅

伦敦：繁荣都会

"英国性"的发扬光大

如第三章所述，当人们向乡村寻求风景之美的同时，也有游客将目光投向城市，开始有人探访都市、在城市中漫步，是18世纪最值得关注的旅游文化现象。

第一次工业革命后，伦敦成为国际大都市，来自世界各地的人与物都聚集于此。通过旅行者们从国外带回的各种物品和见闻记录，能对照英国和其他国家的区别，发现其差异。这些不同之处即使差别极小，也会有优劣之分，在"优者"和"劣者"之间划出的分界线，将原本水平延伸的文化地图改造成垂直的上下关系。也就是说，它定义了"高等文化"与"低等文化"的二元对立关系。如此便创造了一种有力手段，将异己文化贬低为劣等，并不断将本国文化置于主导地位。伦敦这座城市的价值来自"外界"的评价，人们在这座立于世界之巅的人造都会中，看到了人造阿卡迪亚。

英国人会将自己眼中"非我族类"的文化转化成一种假想中无限美好的面貌，而不符合英国思维方式和规则的部分，都会被改造成容易被英国文化接受的模样。英国人渴望在异国见到梦幻乌托邦、缅怀失落的过往。创建理想社会的幻想和冲动以旅行的形式留存在了他们心中。这种把异国视为"他者"的态度，会自然形成一股向心力。如果英国文化层层加固，那么他者越辉煌，英国梦也就越大。也就是说，英国人在前往异国旅行时，会自然而然地想让英国更像英国。

以18世纪人们的旅行为契机，英国的独特性开始得到进一步弘扬，人们开始推崇英国的例外性，这是个有趣的现象。可以说，文化是"包含精炼与高尚化要素的概念"。① 此外，在《牛津英语词典》中关于"英国性"定义的实例中，首次出现了很有启发性的例子——1838年出版的《新月刊》（*New Monthly Magazine*）杂志有一篇文章提到"英国性存在于一切出生在英国的人身上"。不过，追求这种倾向的社会变化已经在更早就得到认可，这一点我们在前一章中已经进行了探讨。

---

① 爱德华·萨义德（Edward Said），《文化与帝国主义》（*Culture and Imperialism*）。——原注

　　桂冠诗人罗伯特·骚塞敏锐地感受到了英国正在上升的国家力量，他踏遍英国全境，热情讴歌着"英国性"，这种对"英国性"的弘扬与民族主义紧密相连。最终，在最能体现"英国性"的大都市伦敦四处游览，并用游记来记述体验的行为蔚然成风，很多人都在写伦敦游记。

　　在下一节中我将介绍一些重要的游记，从中考察英国人意识到英国与"他者"之间差异的经过，还有他们在伦敦发现了怎样的阿卡迪亚。

大都会伦敦

　　让我们先回顾当时伦敦的发展势头。

　　先说伦敦的城市规模。1700年的人口分布统计显示，当时英国总人口的四分之三住在乡村。居住在人口超过五千人的城市中的居民，约占总人口的13％。但在1800年，城市居住者占到了总人口的四分之一，到了1850年，则超过了总人口的一半。1700年，伦敦人口总量是57.5万人，几乎和巴黎相同，而威尔士的全部人口有35.4万人。到了1750年，伦敦的总人口增长到67.5万人，1800年则增长到90万人，成为整个西欧世界人口最多的大都市。

　　接着来看看社会结构。讽刺画家罗伯特·克鲁克香克（Robert Cruikshank）为英国见闻录《英国间谍》（*The English Spy*，1825）绘制的社会结构图，将18世纪英格兰的阶级社会描绘得淋漓尽致，

图 31　阶级社会

这 3 个阶层被展现在一座哥特式的教堂之中。大型哥特教堂曾是城市经济高度发展的象征，也被视为哥特复兴的前兆。城市的发展是复兴的原动力，哥特式风格也反映了伦敦作为国际大都市的地位。

人们常用针叶树来比喻哥特风格建筑。向天空无限延伸的姿态恰如摄政时期的英国，树干内部是英国社会的三个阶层。哥特式教堂巨大的彩绘镶嵌玻璃窗上有着活灵活现的图画，那正是丰富多彩的多元社会之写照。

离天堂最近的顶楼左右两侧分别是"诗歌"与"绘画"领域的天才，由外侧居于对称位置的"海军"和"陆军"负责护卫。画中的两位老人都是得到了王室赏赐的退伍军人。中间的华丽空间充满爱和音乐，是一幅其乐融融的人间天堂景象；第二层的中心位置是王侯贵族、议会和大学，左右两侧分别是作者与绘者的形象，他们分别是文学和艺术的守护神；而最底层有着"地狱"字样，画中的人们沉浸在赌博中，等待他们的未来只有"苦难"和"死亡"。这幅社会结构图混合了寓意画和讽刺画两种风格，展现了真实的英国社会图景，让人印象深刻。

那么，当时的伦敦在外国人眼中是什么样的呢？由于饮食是最为日常的行为，也最能体现英国与他者之间的差异，所以常常被拿来做比较。一位徒步走遍英国大部分地区的德国牧师在谈到伦敦的咖啡时眉头紧锁："那是一种可怕的棕色东西，淡得像水。"这位牧师还忍不住破口大骂——在德国，再怎么粗野的劳动者也不会喝这么差劲的咖啡。而关于面包他是这么说的："涂着黄油的面包像罂粟叶子一样薄。不过，在壁炉的火上烤过的、充分浸透了黄油的面包可以说相当美味……用叉子把面包一个接一个放在火上烘烤，直到黄油慢慢渗入面包，面包变成焦黄色。"他赞不绝口，自豪地说："这种面包叫做吐司。"难喝的咖啡和美味的吐司怎么也不可能协调吧，我不由得这么想。

走在18世纪的伦敦街头会有怎样的所见所感，让我们跟随当时人们的步伐去看一看。

到处都是人，这是当时的伦敦给人的第一印象。"格林尼治到伦敦的路上人山人海，熙来攘往，肩摩毂击。"伦敦的人潮让德国来客感到震惊，不仅路上交通堵塞，泰晤士河也拥挤不堪。来自瑞士的旅行者索叙尔毫不掩饰自己的惊讶："人们乘船往来于泰晤士河上，伦敦周边至少有1.5万艘从未停歇的小船来来去去。站在桥上看过去，只能看见船，根本看不到水面。"而瑞典人佩尔·卡尔姆（Pehr Kalm）也说过："这么窄的河上怎么能开这么多船？有些船能够避得开拥挤的地方，所以没遇到险情，但也有不少船发生了相撞的事故。"这些描述告诉我们，伦敦的水路和陆路都拥挤不堪。

夜幕降临后，人群的嘈杂喧嚣仍未停止。伦敦的街灯长明，仿佛没有黑夜。球形的大玻璃灯罩里彻夜燃烧的灯火把伦敦变成了不夜城。就算是普通民宅的玄关外面也有巨大的外灯，屋内同样灯火通明。街上的路灯都是两枝、三枝甚至四枝的树状。黄昏时分，路灯照亮了伦敦市中心的牛津街。有的旅人不禁会想，恐怕整个巴黎的灯加在一起都没有这么亮。

然而，从德国初次到访伦敦的人内心却并没有 "整座城市只为我点亮" 的深刻感动。在1807年煤气灯引进伦敦之前，人们一直靠燃烧煤炭来照明。不过，烧煤所发出的光越亮，外国旅行者对它的评价就越差。这也是理所当然的：踏足伦敦的旅行者看到煤炭燃烧的黑烟，会惊得睁大双眼，并赶紧捂住口鼻。黑烟与浓雾的混合颗粒物悬浮在空气中，别说是城市中的建筑物了，连白马都被弄得一身黑，甚至连天上下的雪都是黑的。在伦敦市内，英雄与神祇的雕像都乌漆麻黑，而在环境污染达到高峰的维多利亚时代，连英国女王都忍不住离开了白金汉宫。

当时，伦敦皇家交易所 ① 附近曾遭遇大火，一名瑞典旅行者说，他是读报纸时才知道附近发生了一场烧毁上百栋住宅的大火灾。据说厚厚的煤烟甚至遮挡了那吞噬一切的火海，所以人们没能在火灾发生时得知情况。

法国旅行者皮埃尔 - 让·格罗雷（Pierre-Jean Grosley）用更为敏锐的视角进行了观察，他如此形容伦敦的浑浊空气："空气中含有大量颗粒物，厚重的煤烟无法散开，变成了云，像给伦敦这座城市披上了外套。黑色的云层遮蔽了伦敦的天空，地面上几乎照不到太阳光。对伦敦人来说，值得夸耀的光辉时日屈指可数。"格罗雷饱受持续咳嗽之苦，最后患上了支气管炎。此外，伦敦的雨也是黑雨。

---

① 伦敦皇家交易所（Royal Exchange），始建于16世纪，是英国第一座专业商业建筑，曾是伦敦的商业中心。

由于大量燃烧煤炭，伦敦的空气污染极为严重，令人喘不上气。这一点常常招致外国人的批判，无论多么亲英的人都没法在这点上偏袒英国。"都早上十点了，我还点着蜡烛写信呢。"一位德国人抬头看着乌烟瘴气的伦敦天空，直言不讳："如果没有别的心灵慰藉能让我忍受这黑烟，我早就在伦敦住不下去了。"

出版业界眼中的伦敦都市生活

摄政时期的英国，君主制正在遭受质疑，因为两位乔治国王的统治处于相当不稳定的状态。① 颓废、精神状况不安定并且出身德国的国王，让英国君主制的延续蒙上了一层深深的阴影。启蒙思想席卷欧洲大陆，影响着欧洲各国选择君主制或是共和制。英国政府不断改革政策，向人民承诺将让国家变得更加繁荣富强，因此君主制没有被法国大革命所带来的共和制取代。

第一次工业革命极大地推动了英国的此类改革，摄政时期，英国的城市化和工业化水平得到进一步提升。英国从中世纪开始实行敞田制 ②，农地公用并由人们共同耕作。第一次工业革命后，农地

---

① 1811 年至 1820 年间在位的英王乔治三世因精神状态不适于统治，因此由他的长子（即之后的乔治四世）作为他的代理人，担任摄政国王。

② 敞田制（open-field system），中世纪欧洲最为典型，也最为基本的土地耕作管理制度，它与圈地相对，土地不设篱笆，敞开公用。在实行敞田制的地区，非耕地和休耕地都是公用地，无论领主还是农民佃户都可以放牧或樵猎。耕地在收割之后和播种之前也不设篱笆或栅栏，敞开公用。敞田制对英国乡村的社会生产生活影响贯穿整个中世纪，直到 19 世纪中叶的圈地运动，才最终退出历史舞台。

被篱笆和围墙包围和分隔；成组的烟囱高耸入云，凌驾于村庄中地位崇高的古老教堂尖塔之上；主干道被整修为交通运输路线；蒸汽动力的运输船只频繁往来于海峡之间；蒸汽动力机车最初的轨道也即将开始建设。知识分子毫不掩饰他们的忧心如焚，他们认为，英国文化将在未来随着机械化的发展进步而分崩离析。当时的苏格兰历史学家托马斯·卡莱尔（Thomas Carlyle）把即将到来的维多利亚时代称为"机械时代"。卡莱尔警告说，在机械时代，不仅是人类的四肢，连大脑和心脏也将能够被培养，像是制造机器那样；人类会脱离自然成为机械装置的一部分，而摄政时期正是这个时代的雏形。

在新闻出版业走向振兴的时代，伦敦开始向国际大都市发展，逐渐发展的新闻界也大大促进了社会变革。

《伦敦杂志》在乔治四世即位的 1820 年创刊，与《爱丁堡评论》（*Edinburgh Review*，1802 年创刊）、《评论季刊》（*The Quarterly Review*，1809 年创刊）和布莱克伍德的《爱丁堡月刊》①（1817 年创刊）等主流杂志相抗衡，这件事意义非凡。当时在伦敦和苏格兰发行的这三大杂志，主要刊载政论、社会批判、学术评论等长篇文章与报道，主要读者群体是逐渐壮大的中产阶级。《伦敦杂志》试图打破这些苏格兰系杂志的古板风格，它刊发的文章轻松易读，充分体现着

---

① 该杂志 1817 年 4 月创刊时名为《爱丁堡月刊》（*Edinburgh Monthly Magazine*），同年 10 月重新创刊并改名为《布莱克伍德爱丁堡杂志》（*Blackwood's Edinburgh Magazine*）。

伦敦的城市性格。这本杂志经常邀请查尔斯·兰姆、威廉·黑兹利特、托马斯·德昆西、玛丽·罗素·米特福德①等作者撰写文章，我们据此便能轻而易举地理解它的气质。诗人拜伦同时也是位优秀的记者，他对伦敦在新闻界的地位了若指掌，因此，他把长篇诗作《唐璜》中，主人公带着心爱的公主从地中海土耳其帝国回国的目的地设定为伦敦，也不足为奇。

在这样的背景下，体育记者皮尔斯·伊根（Pierce Egan）的《伦敦生活》（*Life in London*）出版了。从1820年开始，这部作品以月刊分册形式发行，1821年出版单行本，这绝非一种偶然。不过，如果想用现有的文学体裁来分类这部作品，会颇让人伤脑筋。因为伊根的这本伦敦漫游记既是都市旅游指南，也是汇集了市面流行的滑稽歌曲和上演中的戏剧与歌剧的音乐杂志，同时也是一本讲述三个年轻人一次次冒险经历的流浪汉小说。它综合各类文体，和伦敦这座城市一样是极难爬梳脉络的无序集合。

《伦敦生活》体现出了大城市伦敦并不光鲜亮丽的一面，这正是伦敦最真实的面貌。同时，它也是以周刊、月刊形式陆续发行的出版物的巅峰之作。这部作品最初被拆分为每月一册的形式出版，最符合当时出版社和读者双方的需求。这样一来，分册售价就可以压得很低，吸引了许多好奇的读者。而书中"汤姆"和"杰瑞"这两个

---

① 玛丽·罗素·米特福德（Mary Russell Mitford, 1787—1855），19世纪英国散文作家，在《伦敦杂志》发表过一系列描绘乡村的小品和札记。

人物，最终影响了美国文化，成为卡通作品《猫和老鼠》(*Tom and Jerry*) 主人公的名字 ①。

《伦敦生活》还是一本展示当时社会矛盾与分歧的城市探访记。它描绘了低俗下流的底层世界——作为上流社会的对立面；但在它之后出版的很多作品都更倾向于把伦敦写成令人交口称赞的繁华都会。19世纪20年代中期还出现了以爱德华·布尔沃-利顿（Edward Bulwer-Lytton）、本杰明·迪斯雷利（Benjamin Disraeli）、西奥多·胡克（Theodore Hook）等作者为代表的"社交界小说"，伦敦在文学领域中成为一座熠熠生辉的华丽都市。这种倾向一直延续到1836年，当时仍是晨报记者的新锐小说家狄更斯出版了描写下层民众生活的《博兹札记》(*Sketches by Boz*)。在这浮华都市隐秘的暗处，有一条看不见的线索将《伦敦生活》和《博兹札记》联结在了一起。

当时的出版业界和读者群体的情况又如何呢？　如果将1790年的生活费指数设定为100的话，1813年的生活指数曾一度上升到187之高，而1822年则下降到109。虽然市场上商品价格低廉，但劳动者能赚到的报酬也很低。除了伦敦的产业工人之外，劳动力市场完全供过于求。即使是在伦敦工作、收入最高的熟练工，买一本查尔斯·奈特（Charles Knight）编辑的实用知识普及协会小册子也

---

①　Tom and Jerry 是一个俗语，用来形容 19 世纪英国伦敦沉迷于酗酒、赌博和放荡生活的年轻人。这个词组的来源就是《伦敦生活》两位主人公的名字。

得花掉一个月工资。不得不说，书籍对于平民百姓来说是可望而不可即的。一个人如果建立了稳定的家庭，年收入达到125英镑（周薪48先令）左右，就能过上高于平均标准的富裕生活。神职人员每年能赚三四百英镑，但他们是极少数。小说家安东尼·特罗洛普（Anthony Trollope）在邮局上班，他1834年的年薪是90英镑，即使在7年之后也只增加到140英镑。诗人罗伯特·勃朗宁的父亲在英格兰银行工作了50年以上，年收入却仅有275英镑。

因此，从购买者的生活费指数来看，书籍仍然属于奢侈品。伊根的《伦敦生活》和《伦敦的生活·终结篇》（*The Finish to the Adventures of Tom, Jerry, and Logic, in Their Pursuits Through Life in and Out of London*，1828年分册出版）从1820年热销到1830年，它们的定价都是每分册3先令。因此，如果想要读完整套书的12个分册，就得花上36先令。1800年开始长达四分之一个世纪的时间里，英国出版界的情况都无法让普通人有能力培养阅读习惯。

除了行业垄断现象，还存在着大量影响行业发展的问题。

从生产技术进步方面来说，出版业被飞速发展的其他产业远远甩在后面。虽说查尔斯·斯坦厄普伯爵（Charles Stanhope, 3rd Earl Stanhope）设计的铁制印刷机节省了人力，但印刷速度依然停留在每小时250张纸左右。直到蒸汽驱动印刷机被发明出来，出版业才迎来了技术革新。1814年11月29日，蒸汽印刷机首次投入使用，印了当天的《泰晤士报》，但由于存在一些印版生产方面的问题，又过了20年左右这种机器才被完全普及。

　　尽管生产力低下，但大作家沃尔特·司各特作品的人气依然刺激了出版需求的增长。无论在哪个时代，人们一般都认为诗集没什么市场，但司各特的作品颠覆了这种看法。虽然他的《最后一个吟游诗人的歌》（*The Lay of the Last Minstrel*，1805）标价高达25先令，但在3年内卖出了1.505万本；《湖上夫人》（*The Lady of the Lake*，1810）的定价甚至夸张到42先令，却在一年之内销售一空，总共卖了2.03万本。在普通三卷本小说定价为15到17先令的时候，他的第一本小说《威弗莱》（*Waverley*，1814）尽管卖到21先令一本，但7年的时间内重印了8次，卖了1.15万本。

　　但对于司各特作品的追捧现象却为出版界埋下了很大的"地雷"，让出版社对任何作品都定价过高，直到19世纪的尾声业界才意识到这种弊端。处于经济层面的考虑，大量普通读者选择去租书店，因为租书看的话一年只需要花10先令。这导致了出版业的规模逐渐萎缩，甚至出现了这样的出版模式：一本书初版只印750本，即使追加印刷也是极少量，一旦出现畅销作品就马不停蹄地出续集。即使是专门供给出租书店渠道的小说，也只能印1000到1250本左右。

　　不过，在1809年左右，有个人采取分册发行方式出版书籍并大获成功，他就是托马斯·凯利（Thomas Kelly）。虽然他只是个微不足道的出版人，但由于在事业上的成功，甚至登上了伦敦市长宝座。他卖出了23万本分册形式的圣经，还卖出了10万本使徒传记和2万本法国大革命相关的书。分册系列之所以能吸引读书人，作品的文字和插图内容都功不可没。当时读者的普遍收入水平是每天2先令、每周2便士，因此不难理解，这种分册发行的方式对他们来说是最合适的。"出版界的拿破仑"阿奇博尔德·康斯特布尔（Archibald Constable）对司各特所说的话可谓一语中的——"出版业界还在摇篮之中"。

1827年，启蒙思想家亨利·布鲁厄姆（Henry Brougham）以"实用知识普及协会文库"的名义，出版了许多价格低廉的读物。1832年，出版商查尔斯·奈特出版了以工人阶级为读者群体的周刊《便士杂志》（*The Penny Magazine*）。

当时的出版界，人们非常喜欢旅行类的书籍。游记层出不穷，观察英国的经济繁荣景象、讴歌备受赞誉的自由。其中有些游记是英国人假扮成外国人写的，后文中我们将介绍罗伯特·骚塞伪装成西班牙人写书的巧妙战略。普通的英国人一提到西班牙就会直接想到这是个死抱着古老封建制度不放、令人嫌恶的天主教国家，而且最讨厌英国。因此，只要看到作者和书名，英国人心里就会立马觉得被挑衅了。一想到"西班牙人会怎么评价英国"，他们就浑身紧张。而这种僵硬的姿态却正好勾起了他们内心的好奇，让此类游记销量大增。

西班牙人眼中的伦敦

外国人视角著作出现的原因

《西班牙旅人唐·曼努埃尔·阿尔瓦雷斯·埃斯普里拉的英国来信》(后文称《英国来信》)的作者罗伯特·骚塞,1774年8月12日出生于布里斯托尔,是纺织品商人的长子。他没能和自己的手足一起长大,而是由性格古怪的姨妈伊丽莎白·泰勒(Elizabeth Tyler)抚养到7岁。姨妈住在上流生活的中心城市巴斯,因为"精英意识",她不和布里斯托尔那些社会地位较低的亲戚来往,也禁止罗伯特和住在附近的孩子一起玩。不过因为她爱好看戏,所以培养了罗伯特成为剧作家的梦想。姨妈这种抚养方式对骚塞的人格形成孰好孰坏,这很难说。但毫无疑问,姨妈对他造成了颇大的影响。9岁时,他续写了《疯狂的罗兰》①(Orlando Furioso),开始对叙事诗、讽刺、翻译和戏剧感兴趣,这也成为他后来文学生涯的原点。他也特别喜欢阿里奥斯托②、塔索、斯宾塞等人的叙事诗。

---

① 另译《疯狂的奥兰多》。

② 阿里奥斯托(Ludovico Ariosto,1474—1533),意大利文艺复兴时期诗人,代表作《疯狂的罗兰》。

图 32　罗伯特·骚塞

1788 年，骚塞进入西敏公学①读书。他在志同道合的朋友创办的学校内部刊物上发了一篇文章，谴责校方对学生的鞭打体罚是不折不扣的恶魔行径，这导致他受到了退学处分，为他从此以后的人生增添了一抹殉道色彩。不过骚塞遇到的也不全是坏事，在学校里结交的友人给了他莫大的帮助。例如，查尔斯·温（Charles Wynn）在经济上给了他有力支持，而格罗夫纳·贝德福德（Grosvenor Bedford）则慷慨地让他自由阅读自家的大量藏书。骚塞读到了伏尔泰、卢梭等自由思想家的著作，还有吉本的历史书。其中，歌德的《少年维特之烦恼》是一本让他尤其难忘的青春之书。无法适应体制的少年想必也适应不了牛津大学这所行事风格传统的学校。1792 年 11 月，骚塞被牛津大学贝利奥尔学院录取，但学业上没有任何成就。法国大革命余温仍在，吸引着血气方刚的年轻人。骚塞自然开始反对君主制，支持共和制，在政治上向激进主义倾斜。但无论是学业还是政治活动，还没等骚塞真正全情

① 　西敏公学即威斯敏斯特公学（Westminster School），英国著名公学，坐落于伦敦西敏寺附近。

以赴，他的牛津时代就结束了。不过值得一提的是，此时他开始写诗，并且大量阅读了各式各样的书籍。

1794年，骚塞20岁。尽管他从牛津大学退了学，但在这年夏天他遇到了人生转折点。他结识了柯勒律治，完全赞同对方提出的"大同世界（Pantisocracy）"理论，甚至想移居到北美建立这样的理想社区。威廉·戈德温①出的"基于理性的社会"使他深受启发。这个计划由于缺少移民费用而最终夭折，他才真正初次认识到世界有多么现实。"大同世界乌托邦"曾让骚塞梦想着新生活，这次失败相人生的大门在他眼前关闭。尽管家人希望他从事神职工作，但他自己下定决心要靠文学创作谋生。骚塞第一部出版的作品是史诗《圣女贞德》，主人公是法国的英雄人物，而法国和英国当时是敌对关系。

和柯勒律治的相识不仅让骚塞窥见了社会现实、体会了世间辛酸，更令他备受冲击的是，柯勒律治是他人生中遇到的第一个"天才"。尽管柯勒律治只是世俗眼光中和社会格格不入的闲云野鹤，但他无疑是个不折不扣的、真正的"诗人"。骚塞为人踏实认真、吃苦耐劳，通过自身努力走上文学之路，但遗憾的是他并非天赋异禀，因此，难怪他从柯勒律治这位天才身边离开了。

为了治愈内心的创伤，他去了葡萄牙，投靠在里斯本担任牧师

---

① 威廉·戈德温（William Godwin），英国记者、政治哲学家、小说家，被认为是无政府主义的现代倡导者之一。

的一位富裕伯父。他根据自己在葡萄牙与西班牙短期居住的经历，写成了《西班牙与葡萄牙旅居书简》（*Letters Written During a Short Residence in Spain and Portugal*，1797），这是他的第一部散文作品。这书比他先前出版的诗集受欢迎多了，因为它充满了年轻作家所特有的活力。在骚塞的一生中，此书重版了3次，也说明了比起写诗，骚塞更适合写散文。

旅居半年后，他回到英国从事法律工作，但他对这一行毫无热情，后来转行当了书评家。这份工作他开始得不情不愿，但是赚到了比从前多得多的钱，每年近100英镑的收入对他来说是不可或缺的经济来源。25岁时，骚塞已经开始从事文学创作，却和夫人同时患上了严重的神经衰弱，最后决定离开深恶痛绝的伦敦，再次去葡萄牙疗养。

骚塞在葡萄牙逗留了14个月，其间，他的政治立场发生了巨大变化。1793年，英国首相小皮特①联合欧洲各国筹组反法同盟。在英国武装干涉法国大革命时，骚塞并不支持英国。华兹华斯曾这样表达自己对战争的心情："英军加入联合军同盟，此后／不仅是我，所有聪慧敏捷的青年心中／都发生了改变，和过去背道而驰。"这引起了大批青年心底的共鸣。但热情来得快去得也快，骚塞对法国的感情迅速消退了，不过他的情感归属也没有从法国回到英国。他受

---

① 小皮特，即小威廉·皮特（William Pitt the Younger，1759—1806），18世纪晚期到19世纪早期的英国政治家，英国历史上最年轻的首相。

不了无能的小皮特，最终对英法两国都失去了好感。

在葡萄牙的生活所改变的不仅是骚塞的政治立场，还有宗教信仰。从少年时期起，他便沉迷于马克斯·皮卡德（Max Picard）宗教书籍，埋下了终有一天会放弃天主教的种子。终于，这一天到来了。他曾对自己的母亲说："看到罗马天主教的教徒在这片土地上所做的那些匪夷所思的事，就不可能对这个宗教有什么好感。"他开始"从心底憎恨天主教"，也因此，他强烈反对由威灵顿公爵内阁通过的1829年天主教救济法案①。

1801年7月骚塞回到英国致力于创作，出版了《毁灭者撒拉巴》（*Thalaba the Destroyer*，1801）、《麦道克》（*Madoc*，1805）等多部诗作，并翻译成西班牙语和葡萄牙语译本。翌年8月，骚塞夫妇的女儿玛格丽特出生，可是她不满一岁便因脑水肿夭折。骚塞极为伤恸，他投奔了住在湖区的柯勒律治夫妇，想要抚平心中的创伤。

这段时期，他对《英国来信》的构思逐渐变得具体："我最近正在构想一本书，主人公是一个名叫唐·曼努埃尔·阿尔瓦雷斯·埃斯普里拉的西班牙人，内容是他对英国风土人情的详尽观察。这个怀疑宗教却才华横溢的年轻人将会生动地描写他眼中的英国。我已经写到第4封信了，这本书肯定会很有意思，肯定比以往的所有书都受欢迎"，言辞之间，透露出骚塞非同寻常的自信。

---

① 1829年天主教救济法案，也称为1829年天主教解放法案，赋予英国的罗马天主教徒投票权和在议会中的席位，是整个大不列颠及爱尔兰联合王国天主教解放进程的高潮。

那么，骚塞为什么要将这本游记设定为"到英国旅行的外国人，通过写信的方式表述其英国观察"呢？让我们从文学传统开始探讨。

首先，游记本就是最受读者关注的文学体裁，其中，丹尼尔·笛福的《大不列颠全岛环游记》(*A Tour thro' the Whole Island of Great Britain*，1724—1726）最为有名。骚塞曾设法拿到了旅行家西莉亚·法因斯（Celia Fiennes）未公开出版的游记手稿，反复阅读。"执笔中的'唐·曼努埃尔'有很大程度上要归功于法因斯的游记"，所言非虚。另外，1782年到1809年掀起热潮的威廉·吉尔平如画之旅，相关游记也对他的创作起到了重要作用。《英国来信》中描写了大量令人难忘的优美风景，但与其他游记最明显的不同之处，就是它充满了对英国现状的怀疑与批判。坊间流行的游记都偏重于对风景的赞美，让骚塞大为不满，但他却对约翰·宾（John Byng）针砭时弊的游记相当信赖，还给予极高评价。S. 肖（Stebbing Shaw）所写的讨论农业问题的游记《1788年英国西部游记》(1789)和农业改良家阿瑟·扬（Arthur Young）的游记，都给了他很多启发。

外国旅行者在英国旅行并进行观察记录的游记形式是值得我们关注的。举例来说，霍勒斯·沃波尔的朋友理查德·本特利 ① 曾翻译过一本德国旅行者1598年访英的游记，1757年出版后，短时间内重

---

① 理查德·本特利（Richard Bentley，1662—1742），英国古典学者，评论家和神学家，被认为是"历史语言学奠基人"。

印5次，颇受人们喜爱。

假借外国人视角游记的盛行

"外国人"的英国游记打开了游记市场的新局面，但这些书其实是英国人写的。他们在祖国境内旅行，却假托外国人的名义来描绘祖国。这种模式被引入英国后，盛极一时。

热那亚的一位作家于1684年在巴黎出版了《一个男人的旅行》，1687年被翻译成英文，书名是《土耳其密信》（*Letters Writ by a Turkish Spy*），大受好评，丹尼尔·笛福还在1718年写了它的续作。而孟德斯鸠的《波斯人信札》（*Lettres Persanes*，1721）则更为切实地推广了这种形式创作的传播。英国本地迅速出现了受孟德斯鸠影响的作品，如霍勒斯·沃波尔的《伦敦写给北京的信》（*A Letter from Xo Ho: A Chinese Philosopher at London, to His Friend Lien Chi at Peking*，1757）和奥利佛·戈德史密斯的《世界公民》（*The Citizen of the World; or, Letters from a Chinese Philosopher*，1762）。这些例子表明，同时代文学家对用外国人眼光来褒贬本国的形式有多么倾心。这样的框架一直延续到狄金逊（Goldsworthy Lowes Dickinson）的《中国人来信》（*Letters from John Chinaman*，1901），内容是从中国人的视角来观察英国，当时所有读者都对这书的作者是中国人深信不疑。

接下来的疑问，为什么骚塞要假名托姓来写自己的祖国呢？

　　首先，外国人写的书，销量非同一般。比起读英国作家的书，更多读者想要了解外国作家笔下的英国形象。不管哪国人，都很在意外国人如何看待本国人，对本国有怎样的想法，无论是共鸣或反感。骚塞把这本书的作者塑造成西班牙人，也正是因为他完全了解作者与读者间的这种关系，才慎重地选择了匿名。骚塞当时是个名不见经传的作家，他想通过这种手段多卖点书。又或许他是在效法沃尔特·司各特，后者写畅销书《威弗莱》系列小说时一直不用本名。

　　其次，佚名的作者本身就会有讨论度，隐姓埋名的神秘作者会引起读者无穷的好奇，同样能促进人们的购买欲。

　　再次，像《英国来信》这种公开批判祖国的书，必然要面对毁誉褒贬，如果作者用笔名或匿名，能躲过暴风骤雨般的毒辣攻击，这也是一种自我保护手段。骚塞作为保守党舆论阵地《评论季刊》的评论作者，从1809年开始，写了30年评论文章，内容各式各样，但全都用了假名，或是不署名。这种做法一举两得，既能躲开论敌的批判，也能省去反驳的必要。

　　下面，我们来看看《英国来信》的具体内容。作为作者（以译者名义）的骚塞，在"译者序"和"作者序"中巧妙地隐藏了身份，不露痕迹地正当化了自己的主张。

　　首先，（虚构的）译者序中，讲述了19世纪初的英国人有多喜欢游记。"社会已经普遍接受外国人写的英国旅行记，因此关于这个译本，我不需要交代太多前提。"不过，他又在后文中强调西班牙旅人的观察视角更为公平正确。"本书的作者一贯对所有事物一视同仁，但对于英国人令人费解的迷信观念，很难不产生偏见。因此，书里也难免会留下一些这样的记述。"为了进一步提高记述的可信度，他接着说："若是作者抱有偏见或存在谬误，作为译者，我不会强行修订，只会加上注解。"言辞之中，强调自己是译者，只是作者的"提线木偶"，从而提高文本的可信度。

在作者序中，"埃斯普里拉"也一再说明游记的作者——即他本人是外国人。他首先对比了英国人与西班牙人对待旅行、游记的态度："今天的西班牙几乎没有游记，英国却恰恰相反。要是一个英国人在山区过了个夏天，又在巴黎待了一个半月，就能写出一本游记来。"

他说，英国人虽然喜欢写游记，但似乎更喜欢读别人的游记，并且有点儿夸张地形容了这种需求："假如这本英国人写的游记在法国出版了，那伦敦的出版社就会抢着把刚印出来的每张纸都带回去，然后逐页翻译成英语。"尽管这样的游记一文不值，但英国人却倍加珍惜，哪怕是毫无意义的碎片信息也会牢牢记住。据说，英国人的这种行为凸显出西班牙人更有优势，因为西班牙人并不盲从于旅行热潮，写游记的时候也不会愚蠢地为了虚荣而炫耀。因此，能更加冷静而中立地进行观察，写出值得阅读的、有意思的游记来。

《英国来信》记录了作者在英国逗留18个月的经历，他大部分时间住在英国人家里，这份记载非常值得信赖。收信人是作者在西班牙的家人以及接受告解的司祭，内容没有半点虚假。作者还断言，只有像他这样，依照时间顺序记叙旅途中的所见所闻，才不会产生任何误解。

在将英国人的日常生活、习惯、性格以及英国现状传达西班牙人时，作者的见地不会失之偏颇，且判断被读者认为是合理的，那么他的目的就算是实现了。身为作者，他一以贯之为之努力的是准确忠实地记录一切。

重温18、19世纪的旅行

《英国来信》面世当时，有评论说作者的观察过分囿于日常生活的细枝末节，会让英国读者看得很烦（《爱丁堡评论》）。但从今天的眼光来看，这些日常琐事能够在人们面前重现失落的过去，因此弥足珍贵，它是一部极其充实的18世纪到19世纪英国日常生活史。让我们略花一些时间，一起重温19世纪初的旅行吧——

1802年4月21日星期三，西班牙人唐·曼努埃尔·阿尔瓦雷斯·埃斯普里拉从里斯本出发，在海上航行12天后抵达康沃尔郡南部的法尔茅斯。经历了长途跋涉后，在疲惫不堪的旅行者眼中，利泽德半岛的美景如同人间天堂。但是，抵达这天可能也是后续艰难旅程中唯一平静的一天。

刚到入境海关，他们就发生了一场纠纷。埃斯普里拉的行李被征收了普通关税两倍的税金。朋友对愤怒的埃斯普里拉温言相劝："港口除了候鸟只有猛禽，不能只凭眼前人就给全部国民下定论。"海关官员以"扒光"旅客为本职工作，那旅客只能忍气吞声吗？

落荒而走的旅行者们逃进了气派的旅馆投宿，但这里吃的东西真是不行。半生不熟的肉类和蔬菜，还有齁咸的面包，很难称得上"食物"。唯一胜过西班牙的大概只有啤酒，黄油和奶酪姑且能下咽。

旅馆里吵得要命。门永远被人开开关关，呼唤服务的铃声响了又响；服务员在走廊里边跑边喊"马上就来"，大量行李被搬来搬去的声音响彻整栋建筑。旅馆里挤满形形色色的人——掸落泥土的擦鞋匠、手持粉袋的理发师、端着热水拿着剃刀的学徒、拎着崭新亚麻布的洗衣女，还有船员和搬运工……即使是深夜，邮递马车到达和出发的声音也毫不留情地侵扰着屋内，让人不得安眠。"在英国，没有什么事情是不发出噪声就能办好的，'见不着'噪声的地方只有账单里。"埃斯普里拉叹息道。

一大清早，马车就等在旅馆门口，这辆马车能容纳3位乘客，左右和前面都有玻璃窗。两匹马拉着这辆4轮马车，以6英里的时速前进着。

他们在早餐时间到达特鲁罗（Truro），但因为面包一塌糊涂，难得的早餐也被毁了。令人惊讶的是，这里所有商店都安了玻璃窗。不过旅行者们马上意识到，正是因为英国的天气一直都相当糟糕，要是没有玻璃人们就没法生活下去了。正想着，天空突然阴云密布，刮起了冷风。环顾四周，虽然已是4月下旬，但植物却毫无绿意。英国这种寒冷程度，让来自南方的西班牙人受到了健康威胁。

下一个停车的集镇是米切尔丁（Mitcheldean）。这地方已经荒废了，西班牙也有差不多的地方，也就是所谓的"衰败之城"。这个城镇之所以保有城镇的名义，是因为它还拥有派出两名代表列席国会的权利。实际上，这里已经没有任何像样的产业了，城镇的外观也体现了这样的萧索之感。不管多穷的人家都有玻璃窗，不是因为经济水平高，而是因为天气恶劣。

下一站是"印第安皇后"。虽然它是家旅馆，但看着更像座邮局。这座建筑的名称似乎取自它招牌上的画。通常情况下，店面招牌上会画牛、马、羊、鹿等动物，但也有画着国王、女王的头像和附近的贵族。

旅行中最不方便的事儿要数在每站更换马车，还有把行李从这辆车搬到那辆车的麻烦……

马车在萧条的街道上一直向前，前进方向的右手边，平原上出现了岩石密布、略高的丘陵。岩石的顶端有座废墟。没有什么情况能比这更死气沉沉了。这个教区的牧师曾说:"我和这儿的大部分居民的初次见面就是他们的葬礼。"

旅行者们在博德明(Bodmin)停下来吃饭。这里曾经是宗教中心,但经历了教派动荡后,日渐荒凉。绝不能说这里地理位置不佳,但由于南边的丘陵遮住了阳光,让整座城市笼罩在阴影之下。从公墓下方取地下水也让人感觉不太好。这一带的居民烧煤,那些有着黑色光泽的矿物缓慢地燃烧,冒出骇人的烟尘。每间房屋都有烟囱,倒是不难看。英国人喜欢生火,看来旅行者们得尽早培养这个习惯,以免在严寒气候中被冻坏。壁炉上有一根圆形棒子用来翻动煤块,还有一把用来整理煤块的火钳,掏煤灰时用一种小铲子。壁炉周围的器具都是金属制品,看上去简直像是装饰品。壁炉前面有格栅,用来防止火星落到地板上,格栅是黄铜或抛光的钢铁制成,有时候是涂成绿色的金属丝,上面镀上黄铜。通常情况下是非常漂亮的,它们的存在是为了展示人们的财富。即使这些格栅每天都会被煤烟熏黑,但早上总是会被擦得发亮,这是家中女性的工作。富人家的壁炉正面是大理石,壁炉架上摆满了雪花石膏或晶石的花瓶、中国产的瓷质人偶和花架等装饰品。不管怎么说,要说英国人最喜欢做什么,那肯定是站在壁炉前面。

晚饭后,旅行者们抵达了朗斯顿(Launceston),这里让人心情舒畅。荒废的城堡矗立在山丘之上,当城镇全景映入眼帘

图 33 壁炉前的乐趣

时，旅人不经意间想起了祖国西班牙的小镇。他们在夜幕降临前抵达了目的地，马车在大门边停下，卸下马具的金属声震动了房顶。门口的服务员立刻打开门，请他们进去。旅人们被带到一间干净整洁的客房，屋子里很明亮，没有被夜色占据。服务员放下窗帘，给壁炉点上火。房间的照明烧的不是油，而是兽脂做的蜡烛。真正的蜡烛价格高昂，只有上流阶层的人才用得起。这个地方舒服得没话说。

旅行者们喝了茶。等待晚餐的时候，作者记下了这一天的回忆。赶路如此顺利，还能在如此不错的地方过夜，不禁令人感叹：在英国旅行的体验原来这么美妙！这一天总共赶了56英里的路①，却丝毫没有感到疲累。

到了旅馆，只要还有空房，就没有什么别的需要担心了。旅人们会得到亲切热情的款待，甚至不需要自带酒或食物，一

---

① 骚塞原书描述为 14 里格。

切都被安排得妥妥帖帖。食物种类齐全，炉火正旺。床铺得很好，旅馆里工作的人们工作精神饱满，随时等待客人提出需求。

当时的旅程痛苦又枯燥无味，旅人只能在阴郁的天空下乘着马车向前无事可做，这种痛苦令旅行者在投宿时对映入眼帘的东西充满了新鲜感。

顺便一提，这部《英国来信》也正是骚塞决心从写诗转向散文创作的契机。他毫不怀疑自己拥有诗歌天赋，但读者给他的评价却并非如此。发表这部作品之前，他已经发表了数不清的谣曲与短诗，正准备着手创作第4部诗集《克哈马的诅咒》（*The Curse of Kehama*，1810）。他的诗歌虽然也有少数拥趸，但诗集《毁灭者撒拉巴》初版的500本卖了3年才卖完，而《麦道克》一年的版税只有3英镑17先令。市场对他的诗歌反应极为冷淡。为了养活一家8口，比起写那些鲜少有人愿意读的诗，还是当个读者众多的散文作家比较现实。被敕封为桂冠诗人后，骚塞在1813年出版了《纳尔逊传》（*The Life of Horatio, Lord Viscount Nelson*），这可能是他著作中生命力最长的作品。从今时今日的文学评价来看，《英国来信》吸引了更多读者，因为这本书"如实反映了英国的面貌"。它鲜活地描写了纳尔逊提督、华兹华斯与首相皮特的生活，堪称"时代之书"。此外，骚塞书写散文的笔力也是这本书的精髓所在。"骚塞的散文风格，怎么赞美都不为过。它没有落入花哨赘词的窠臼，平实、清晰、有力而易懂，伴随着严肃稳重而闪光的古语。他是当代诗人中文笔最好也最自然的散文家。"这是黑兹利特在《时代的精神》（*The Spirit of the Age*，1825）一书中给出的评语，他对骚塞向来没有什么好评价，但散文是例外。

那么，这位兼具雄劲文笔和敏锐观察力的作家是如何描绘他眼里的英国和伦敦的呢？

《英国来信》的作者从康沃尔出发，途经约克郡到达湖区，最后在伦敦逗留，记录了在此期间的自然、社会、政治和风土人情的见闻。全书76章中有12章在咒骂宗教，如若将其作为文化史的研究资料，难免让人产生退意。对共和制的失望、对天主教的憎恶、对政治的不信任等，确实会让骚塞的批评角度蒙上一层有色眼镜，但也正是这股愤怒之情造就了他看透事物本质的锐利目光。他曾是共和制的热情支持者，却在晚年变成了保守派，随着这样的改变，他的价值观也逐渐定型。他的正义感使他分外唾弃用江湖医术蒙骗病人的行为。从第50封信充满愤怒的叙述中，我们能够身临其境地看到作者所见到的"江湖庸医"究竟是什么情况。作者借着一个个话题，提到了"动物磁流学说①"，也就是某种"催眠"。尽管在法国，教会和政府都严格禁止这种治疗，但它在英国却得以广

---

① 动物磁流学说（animal magnetism），18世纪末流传的一种理论，认为人体内存在着一种磁流，这是一种无形的自然力量，通过催眠操纵这种磁流就能治愈疾病。

泛传播。对于这种放任自流的情况，他的愤怒之情溢于言表（第51封信）。

从文化史观点来看，书中记载的内容包罗万象，包括"图书馆"（第3封信）、"对残酷性的怀疑"（第3、第8、第46封信）、"狂热信徒"（第63至第65封信）、"刑罚"（第2封信）、"济贫法"（第26封信）、"曼彻斯特棉纺织厂"（第37封信）、"英国家具与房屋"（第14封信）、"在英国的犹太人"（第41封信）等，堪称第一手史料的宝库。而作为一本游记，书中也有大量精彩而优美的描写性文字。尤其是第27封信中描述的从圣保罗大教堂向外眺望的景色，以及第60、第61封信中描述的湖区景观之美，文采斐然，除了骚塞之外，没有其他作家能写得出来。

本书中最杰出的部分，是对伦敦这座瞬息万变的国际大都市样貌的描写，对圣保罗大教堂、圣殿关、白厅等处的描写尤其值得一读。作者还关注了曾被人们遗忘的对象，在他笔下，一度消失于记忆中的身影重现在读者眼前，这令人留下了不可磨灭的印象。书中有一处有趣的描写：伦敦在晚上会有巡逻的夜警维护治安，这件事本身并没有多值得关注，但据说夜警还会每隔30分钟就扯着嗓子报告当时的天气情况。所以，在伦敦就算是夜里睡着也能知道天气的变化情况，跟通宵盯着窗户外面看似的。观察者忍不住说，这是一种"不可思议的习俗"。紧随夜警的"天气报告"，还有接二连三的种种噪声。行李马车嘎吱作响，清洁工、送奶工和仆人们的叫喊声响彻伦敦的夜空。当年的嘈杂，直至今日仍回响在读者们的耳边，伦敦的声景 ① 在骚塞笔下被完整地保存起来。

伦敦之大，让人着迷

旅人埃斯普里拉被伦敦深深吸引，他坦言自己根本不可能彻底了解这个"像无尽迷宫"般的大城市。他笔下写出了这座巨型都市的真实形象，在这里人们很难沟通："即使住在同一座城市，人们对彼此也可能一无所知。"

如果与其他国家的城市对比，就会发现：让伦敦成为"迷宫都市"的，不仅是错综复杂的街道。伦敦不仅是王宫与政府所在的英国政治中心，同时也是大众生活文化最繁荣的商业城市。正因为如此，三教九流在此来来往往，创造了丰富的文化。

埃斯普里拉紧接着叙述了伦敦东西区的差异。西区是上流社会的居住空间，如果一位成功的商人"到达"了伦敦西区，就是被接纳的最佳证明，正所谓"破茧成蝶，在上流社会中翩翩起舞"。他也观察了伦敦的商业活动，这是英国经济的支柱。他在伦敦的商店和购物街中穿行，被商店的丰富和辉煌所吸引，好几次都忍不住停下脚步来欣赏，并不由得意识到自己是"外国人"，因为埃斯普里拉在祖国西班牙从未体验过如此繁华的景象。他不禁流露出感动与兴奋，

---

① 声景（soundscape），指人类感知、体验与理解的声音环境。

"要是我住在伦敦,那就每天都去逛街,真想在这里过完下半辈子",还不假思索地买了个旅行包。

埃斯普里拉看到的不仅是商业城市的光鲜亮丽,他的观察范围也延伸到了人们的实际生活。伦敦的马路上,大大小小的马车飞驰而过,和马车行驶速度成正比的是往来行人走路的速度,别的城市里的人完全不会走得这么快。或许正是因为生活节奏快到令人眼花缭乱,当时的伦敦甚至出现了类似于我们现在"快餐"的生意模式——埃斯普里拉在一个严寒的早晨走进面包店,发现窗户大敞。他问店里的人"大冷天为什么不关窗",得到的答案是:"关了窗的话,一天的销售额会减少50先令"。他看到:"许多路人并不踏进店内,随手拿了放在那扇窗边的面包和饼干,放下钱就走了"。他只能感叹,伦敦人真是精力充沛啊。

骚塞的备忘录中能找到本书的大部分主题,可以看出他是在创作其他作品的间隙构思本书的,时间在1803年到1807年。尽管他从一开始就打算匿名,却还是经常向朋友们打听一些信息。例如,最后一封信(第76封信)中提及的海军信息就都来自他的朋友。他还让读医科的弟弟亨利·骚塞(Henry Southey)到斯维登堡派教堂去了解情况,向他的朋友巴克小姐(Mary Barker)询问烹饪、巴斯风俗和音乐等方面的问题,向约翰·里克曼(John Rickman)详细请教索尔兹伯里(Salisbury)和伦敦之间的道路情形。这本书的写作过程得到了许多人的帮助,不过文字表述依然相当连贯完整。全书用优雅有力的英语写成，以至于人们觉得翻译不可能做到这种程度，对它的匿名性产生了一些质疑。在付梓之前，骚塞甚至自信地表示，这本书"最精彩的地方就是对英国各种教派的论述，应该没有人能在异教研究方面超过我"。

1807年夏末，这本书出版了。到1814年，已经出到第3版。初版上市前，骚塞得到了100英镑的预付版税，但从再版和第3版开始他就没有版税收入了。和骚塞生活在同时代的麦考利爵士曾经说，骚塞写的书几乎没有什么可值得称赞的，唯独《英国来信》不在此列。另外，著名历史学家 M. 多萝西·乔治（Mary Dorothy George）在其名著《十八世纪的伦敦生活》（*London Life in the Eighteenth Century*, 1925）中，根据《英国来信》的相关内容，阐述了当时伦敦人的娱乐与天主教之间的关系和黄铜加工导致伯明翰的工人头发变绿的事，可谓"细节决定成败"①。

骚塞曾希望人们能从宗教角度阅读这本游记。虽然事与愿违，但游记中将城市与乡村进行对比的敏锐观察却贯穿始终、随处可见。骚塞在湖区体会到的城市化问题，在伦敦变成了城市和自然的共存课题。下面，让我们通过城市景观与私人宅邸的庭院，来探究自然被引入都市的过程。

---

① 原文为"まさに神は細部に宿るのである"，直译为"神正是存在于细节中"——编注

阿卡迪亚的变体 —— 城镇花园

在大城市中,阿卡迪亚究竟发生了怎样的变化?

18世纪的伦敦正值城市化进程不断推进的时期。水泥砂浆造的砖房遍布全城,蚕食了近郊与乡村,田园也受到了城市化浪潮的冲击。这种情况不仅关乎伦敦的城市化,也涉及人与自然和谐共处这个议题,在如今也相当有意义。

对于18世纪生活在大城市里的人们来说,如何在城市中融入自然并与之共存是相当重要的。在乡村别墅周边建造的风景式园林能否在城市中成立? 如果可以建造,又应该如何利用有限的空间? 每一位市民是如何看待园林这个空间的,又会怎么对待它? 不只是园艺工作者才需要想这些,本质上,每个人都应当思考这些问题。

早在维多利亚时代城市规划家埃比尼泽·霍华德(Ebenezer Howard)提出"田园城市(garden city)"概念的200年前,约翰·伊夫林① 就在壮游的过程中对意大利等地的美丽花园与街道留下了极为深刻的印象,并且思考过通过大规模的植树造林将伦敦建设成一座兼顾自然环境与工业化进程发展的城市。伊夫林说:"大部分英国

---

① 约翰·伊夫林(John Evelyn,1620—1706),英国皇家学会创始人之一。

人都很爱田园风光，哪怕是看到一点点自然景色都会很高兴的。"这种看法很能代表英国人对乡村的热爱。

18世纪的许多城市居民也充分认识到，当城市的难闻气味和空气污染给人们带来强烈精神痛苦的时候，植物能够抚慰人们的心灵，不啻一剂良药。

广场

在英国的市中心，发挥着公园功能的广场星罗棋布。广场一般是一片空地，四周道路环绕，恰到好处地种了树、修建了喷水池，是市民放松身心的安逸场所，我们可以把它看作小型的公园。广场对人们的心灵还有另一种作用，它继承了古代的园林精神，甚至能被称作是某种意义上的"天堂乐土"。对市民来说，这里确实是能让心灵放松的乐土。

伦敦、布里斯托尔、伯明翰等大城市都试图通过建设广场来构建城市与自然的共存关系。广场本质是公共设施，但也是以意大利古典园林为原型的露天场域（piazza）。通常情况下，广场中会有几何形的泉水和小路，四周围绕着如茵的绿树。它们还兼具公园和等候区等功能，作为城市地标融入人们的日常生活。

从伦敦的圣詹姆斯广场和布里斯托尔的皇后广场设计图中可以清楚地看到，人们是按照园林的模式来设计广场的。在广场中央，人们会修建大型喷泉、水池或方尖碑，周围铺满碎石，让它和乡村别墅的配套园林拥有相同的构造。看看伦敦的苏豪广场、巴斯的皇后广场和伯明翰的旧广场就会发现,它们都被经过修剪的树木和漂亮的花卉点缀着,类似规则式园林。广场被城市建筑包围,是形式相当同质化的空间。这种情况下,自然会服从人类所创造的对称性和秩序。

而在郊外和乡间,大量融入自然造景的园林蓬勃发展之后,人造建筑所体现的人工性和自然、植物产生对照,形成了一种被人们全面接受的审美意识。伦敦的苗圃主人兼作家托马斯·费尔柴尔德(Thomas Fairchild,1667—1729)早在1720年就指出:"仅仅铺些石子路、把花种到花坛里所创造出来的环境,是永远不可能让人感到内心平静的。应当把更加真实的自然引入广场之中。"

在广场上,人们保留了石子路,也开始种植灌木和落叶树。在植物中,榆树尤其受到青睐,它的种植养护费用甚至是由伦敦当地的居民税覆盖的。榆树作为伦敦行道树的历史从18世纪始,伦敦的许多广场周围栽种榆树,它经受住了煤烟的考验,总是绿意盎然。春天,榆树的新芽笼罩在薄雾中;秋天,满树金黄,也是一种漂亮的景观。如此,城市中心的广场就成了一个个自然的"小宇宙"。此外,英国各地流行的"都市田园"现象中,广场也是最为令人瞩目的。曾经有人提出过在广场里放养羊群,甚至进行了实际尝试,不过田园牧歌的世界并未因此而重现,羊很快全部不见了。

在大城市中，既有诺维奇的诺福克伯爵庄园 ① 那样规模宏大、类似于鹿苑 ② 的大型园林，也有很多小型的庭院散落在城市各处，这是一种时代特征。

造园竞赛

如前所述，园林和衣服、房屋一样体现着个人爱好，自然也鲜明地反映出人们的财力与社会地位。

园林经济有着双重效果，首先，住在城市里的富人们将建造园林作为个人爱好，来体现自己的社会地位。因此在某种意义上，造园成了有钱人彼此较劲的方式，甚至有些主人费了老大劲让自家园林繁花似锦，却连花的名字都不知道。精明的商人用高贵的商品名称来包装植物，使它们充满高级感。很多情况下，这些高级植物与豪华马车一样，主要作用是刺激人们的攀比心理。出于这样的攀比心态，人们对常见花卉不屑一顾，而对新品种和稀有品种的花相当热衷。可以说，在赶时髦方面，种花和穿时装异曲同工。不仅是花，人们对于植树也会赶潮流，甚至有人在一夜之间铲除旧树、更换新树，来个"大换血"。对植物划分阶级的行为还波及了水果。有些水果被划为"低贱"，像菠萝这类种植难度高的水果则被称为"贵

---

① 诺福克伯爵（Duke of Norfolk）为英格兰贵族头衔，其家族所在地实为位于苏塞克斯郡的阿伦德尔城堡（Arundel Castle），诺维奇则为诺福克郡首府。原文语意较为模糊，写做"ノリッジのノーフォーク伯の庭園"。——编注

② 指日本鹿苑寺周围的山庄。——编注

族"。也就是说，希望永远引领潮流的思想构成了商品市场的价值观。

在花草研究和栽培者的集会中，人们对园林的偏爱一目了然，这种偏好与社会性直接相连。可能是诺维奇荷兰移民比较多的缘故，这里从17世纪30年代就开始举办植物鉴赏会，从未间断。花艺工作者们在此竞相展示自己的珍奇花卉，展会也因而名声在外。植物栽培与社会认可明确挂钩，更促进了人们露骨的竞争。在鉴赏会上展示自己所培育的珍稀植物后，就能用自己的名字命名这种植物，还会得到园艺界刊物的表彰，更重要的是，能够得到"植物学家"这个令人梦寐以求的称号。在布里斯托尔，每年晚春会举办樱草鉴赏会，盛夏则举办康乃馨鉴赏会；同等规模的花卉鉴赏会在全英国推广开来。

关注植物即关注自然，这一时期，伦敦掀起了以私人庭院象征社会地位的潮流。人们在城里建造住宅时，一定会造个院子。甚至有人觉得，就算院子远离住宅，也总比没有强。

大显身手的园艺家

育苗家、园艺商店等园艺从业者对城市里的庭院建造发挥着很大的作用。在17世纪末，仅伦敦就拥有15座大规模的苗圃，据说花木多到难以计数，如果按市场价估算，这些植物总价值超过4万英镑，相当于整个法国全部植物品种。园艺产业发展到18世纪20

年代，人们总能在郊外找到园艺商店。这些商店业务范围很广，从品种选择到培育建议，也贩卖园艺工具。这时，园丁和园林设计师等新兴职业也应运而生，有些园艺从业者的收入居然能达到与神职人员差不多的水平。有项1760年左右的统计表明，当时英国有10位园林设计师，550位为贵族服务的园丁，100位品种培育师，150位花卉园艺家，20位植物学专家，连专门种菜的都超过200人。

园艺商店掀起了园艺热潮，为个人爱好者提供丰富多彩的树木花卉，为改良本地品种和新品种的传播贡献甚巨。光是18世纪，就有几百个新品种被引进。一项统计表明，18世纪和19世纪初，英国分别引进了445个和669个新的植物品种。庭院建设进入白热化，新品种与罕见品种自然成为拉开与竞争者差距的重要因素。

私人宅邸的庭院几乎都是仿造古代罗马园林修建的规则式园林。人们在设计建造这些庭院时，往往会依照一定的网格规律来安置雕像与教堂。虽然出现了新品种的树木花卉，但种植方式也要按照规律、沿着小箱子排列成的"参考线"，种成笔直的一排排。花卉的品种主要是在园艺商店里颇受欢迎的郁金香、樱草、康乃馨、银莲花、风信子等。沿着灌木和果树，铺上笔直的石子路，在院子的尽头建造装潢考究的凉亭。这一类的庭院，价值高低取决于建造技术、吸引好奇心的要素以及花卉的审美，因此，人们往往对随处可见的忍冬和樱草没什么兴趣。不过，曾经人气一落千丈的忍冬在18世纪末又开始受到人们的追捧，人们将勤劳、正直、谦逊的品质投射在忍冬身上，让它具备了教化人格的作用，开始备受推崇。

毋庸置疑，对流行极为敏感的都会庭院一定会反映出当时风行的如画审美意识。托马斯·费尔柴尔德的《城市园丁》（*City Gardener*，1722）是伦敦最早的园艺指导书。这本书倡导的是放弃花卉栽培，让庭院中绿意横溢。蜿蜒曲折的小径、无需人工干预的乔木和灌木、未经修建的行道树、满是青苔的洞穴和不平整的草地都因为让人深陷如画审美而被推荐。越来越多的庭院设计更重视体现兴趣爱好，而不再拘泥于以往幼稚的花卉布置。

私人宅邸庭院

不过，从总体上看，私人宅邸的庭院设计，还是以经典风格居多。既然实用与美观在庭院中会相互碰撞，那么，自然式庭院在城市中没有得到普及的原因是什么呢？简而言之，城市里的庭院风格，还是以保留装饰性要素的规则式为主。如果说庭院是反映社会阶级的镜子，那么在有限的面积内选择风景式，风险就太大了，几何式的规则庭院能更直接体现社会阶级。

与此同时，也必须考虑到庭院的生活实用性。顺着石子路把花坛沿直线排列是一种很实用的配置方法，便于修剪和浇水，同时也方便重新调整布局来与建筑达成协调。如果用蜿蜒曲折的方式来安排，要费好几倍的功夫。这种贯穿庭院的直线型布局设计既遵从经典，更是为了日常生活服务的。例如，种植灌木形成的树篱，能够将院子里的废弃物和马厩都隐藏起来。而庭院深处通常都会建造盥洗室，树篱还能很好地起到掩蔽作用。

一样的道理，人们更欢迎芬芳扑鼻的花。樱草、康乃馨、郁金香、玫瑰、紫罗兰、多花报春、忍冬、五叶地锦等受到青睐，反映了城市的污染状况。这些植物是一道道美丽的防御墙，能够大大减少外界恶臭的侵袭。城市中的庭院首先要反映居住者的审美和道德意识，但同时也相当重视实用性。在城市中，它们是被统一安排在屋子前面的。

为了适应城市里的有限空间，盆栽花卉这种形式在这个时期出现，并成为一种模式。人们在生活空间中会把生活方便程度的优先级排在审美意识前面，用花盆栽培植物，不仅好打理，还能享受随着季节更替而替换不同植物品种的乐趣。园艺从业者将植物改良为适合盆栽的品种，命名为"伦敦盆栽"，在市面上大规模销售。

盆栽的流行进一步让园艺行业走近了普通家庭。此时，专门的从业人员能为人们打理盆栽，他们冬天保管植物、夏天负责浇水，根据季节不同更换植物，提供全面的培育和养护工作。培育在盆栽中的植物不仅点缀了窗边风景，也将伦敦装饰得更加美丽。窗边装饰的康乃馨、玫瑰、橙花、香桃木、当归、苦蒿、木樨草等盆栽，既能满足审美需求，又能阻挡来自马路上的尘土与恶臭，相当实用。

即使到了维多利亚时代，人们摆在窗边的花盆也丝毫不见减少，窗边的盆栽除了实用性，当然也能向经过的行人传达友好情谊。盆栽展示了个人爱好，同时也点缀了城市风貌。

如此，我们知道了阿卡迪亚在伦敦这座大城市出现时的样子，那就是为了近距离感受自然而在有限空间内建造的庭院，工业革命后的城市住民竟比以往任何时代都更渴望自然风景之美。在此，我希望读者能回忆一下本书第二章、第三章提到的克洛德玻璃镜，就是那面小小的凸面镜。把眼前（虽然是对着镜子向后看的）雄伟壮丽的风景装进巴掌大的玻璃镜，分割成近景、中景、远景、背景，塑造成心目中理想的画面，不管这举动有多么自我封闭，它如同伦敦人窗边摆设的花盆，是对如画美的一种探求；而如画美的追寻对象，正是阿卡迪亚。

终章　阿卡迪亚中的人

　　英国是全世界率先完成工业革命的国家，但大部分国民心中仍保持着对乡村的依恋与热爱。正如第四章所述，随着伦敦的城市化，乡村走向消亡的时代即将到来。城市居民在寸土尺地上建造庭院，也反映了他们对乡村的怀念。在假日，他们会去远离住宅区的威尔士、苏格兰和湖区短途旅行，赏花观鸟、沉浸在乡间小屋的梦幻周末，一有时间就如痴如醉地阅读艾萨克·沃尔顿（Izaak Walton）的《钓鱼大全》（*The Compleat Angler*）。而现在，以时尚行业为首，持续讲述牧歌式阿卡迪亚神话的产业不减反增，和乡村田园有关的物品始终不退流行，人们对乡村眷恋之情的深刻程度可见一斑。

　　英国人对自然和乡村生活的爱在现代表现得最为强烈，有深刻的反城市倾向。从维多利亚时代晚期至今，《乡村生活》（*Country Life*）杂志一直守护着人们对乡村的热爱。人们通过壮游和如画之旅所窥见的阿卡迪亚，在现实的乡村中会发生怎样的变化，未来又会

图 34　《乡村生活》

呈现怎样的图景？在本章中，让我们做最后的探讨。

　　经年累月，英国人先在壮游中培养了以古希腊和古拉丁文化为中心的修养，同时在鉴赏普桑和洛兰的风景画时培养了感受力。这一切凝聚成为如画审美意识，成为风景式园林形成的主要基础和原动力。由此造就的风景式园林，成为18世纪英国引以为豪的重要文化遗产。

　　反言之，风景式园林作为"英式园林"的代表，从英国传播到欧洲大陆，从俄罗斯传播到意大利，甚至传播到远隔大洋的美国和加拿大。如画美是壮游和如画之旅等旅行文化所培养出来的审美意识，但它更是英国人的精神支柱，是乡村田园文化的基石。

克里斯托弗·赫西

1927年，《如画美学研究》（*The Picturesque Studies in a Point of View*）出版，这是第一本用英语书写的如画美研究著作，作者是克里斯托弗·赫西（Christopher Hussey，1899—1970）。意大利文化史家马里奥·普拉兹（Mario Praz）略带兴奋地称这本书是"理解新古典主义的必读书"。这位20世纪大儒的肯定评价，至今依然值得参考。

赫西在《如画美学研究》的序文中如是说："如画美的艺术传统影响了我的成长历程。我无法忘记，当我猛然意识到它只是现实的一个侧面时所感到的巨大震惊。发现这件事的那天，我正在我祖父1837年建造的那座乡村别墅的书房里，透过窗户向外看去，在下方的溪谷之中有一座湖心岛，岛上有座已经部分坍塌的城堡 …… 草原与密林相接，一直延伸到天际线。"赫西本人就是在"风景如画"的环境下长大的。

赫西是一位至今仍赫赫有名的建筑历史学家，他毕生都致力于一本杂志的编辑工作，就是一个多世纪以来不断在英国文化脉络中探讨乡村重要性的《乡村生活》。赫西在牛津大学基督堂学院读书时，就已经是这本杂志的撰稿人了，半个多世纪来他笔耕不辍，为这本杂志写了1400多篇文章。

赫西从20世纪20年代始长期呼
吁要保存田园景观与乡村别墅，但直
到20世纪70年代，英国政府才意识
到乡村别墅在文化上的重要性，并将
其认定为国家文化遗产。正是如画美
学的浸润，使赫西拥有了超越时代的
慧眼。但是赫西的审美观念并非站在

图35　克里斯托弗·赫西

今天的立场上怀念过去的时代遗迹，而是清楚地看到了如画美对传
统的继承以及在现实中发挥的巨大作用。他之所以能有如此睿智的
思想，也是因为继承了祖辈位于肯特郡斯科特尼（Scotney）面积广
大的乡村别墅及领地，在保存和维护它们的实践中培养了智慧。

《乡村生活》经历了两次世界大战的战火，始终坚信乡村是英国
人的根本精神支柱、持续倡导着乡村文化。让我们回顾一下它的历
史吧。

《乡村生活》的创刊

每一期《乡村生活》上，都有牧歌般的理想田园风光。宁静氛围
中的乡村风景背后，却有着复杂的历史。岁月给了乡村难以计数的
伤痕，它曾经变得荒芜又重获新生。经济与社会的跌宕起伏和变迁
发展都与它息息相关，尤其是两次世界大战的蹂躏，已经使它的面

图 36　斯科特尼城堡（Scotney Castle）

容不复往昔。

　　然而，有一股比战乱更强大的力量蚕食着这重归祥和的土地，那就是旅游产业。谁能料到，在某种意义上从旅行文化中所诞生的田园风光竟会被旅行本身所破坏呢？人们做梦也想不到汽车会把田园逼向绝境。此外，强调建筑功能性的现代主义运动浪潮也对乡村构成了无声的威胁。无论是自然保护、动物保护、国家信托运动还是步行活动，人类的一切活动都源于不同时期对乡村的态度。《乡村生活》杂志始终关注着在社会巨变中不得不改变的乡村形象，不断强调乡村是人类生活中不可或缺的一部分，人们应当和它共存。从历史的角度看，这也促进了对"英国性"的调查与验证——是什么使英国成为英国、英国人的本质是什么？

《乡村生活》杂志创刊于1897年，这一事实极具象征意义。1922年1月7日发行的25周年纪念号上写道，"杂志名称就像音乐一样悦耳响亮……我们英国人虽然身在都市，在内心深处却是乡村居民"，并回顾了杂志历程，为这本杂志体现了英国理想而深感自豪，这种态度在50年甚至100年后，一如既往。

但现实情况是，在这本讴歌英国乡村的杂志诞生当时，"反乡村"的社会现实已经近在眼前。说到1897年，想必英国人都记得那一年举办了维多利亚女王登基钻禧纪念典礼，庆祝女王登基六十周年。那是英国作为名副其实的"大英帝国"的时代，它曾是世界的主宰。第一次工业革命让伦敦焕发了活力，城市中建起了优雅干净的政务区，幽静的公园旁是繁华热闹的购物街，在郊外，富人们还建造了高雅大方的宅邸。但都市丽景背后，城市底层的生活却满眼黑暗：无视人性的工厂和贫民窟、四下蔓延的污染与疾病、无可救药的贫困等社会阴暗面令人不堪回首，没有人会把这一切看成创造了巨大财富的技术革命所带来的胜利。随着劳资斗争愈演愈烈，富裕阶层的人们开始认为城市中的无产阶级劳动者对他们构成了威胁。

　　推崇乡村生活的思想家和作家将乡村生活视为从消极状况中复原的手段，同时也是理想的根基。同为社会改革者的托马斯·卡莱尔和约翰·罗斯金①认为，工业技术、资本主义和工业社会是威胁人类生活的要因，理想生活的场所只能向乡村中寻求。作为改革派的指导者，他们认为应当探索在古典时代所培养起来的美学传统。既然在城市中已找不到探索新事物的热情，那不如放弃都市生活，到乡村去寻找内心的平静，在质朴生活中寻求人生真谛。18世纪围绕风景理念的一系列讨论中，人们已经探讨了这样的生活方式，那是对传统的一种回归，即在乡村别墅周围建山造湖、种植树木，创造如画的美景。极乐世界（Elysium）深深吸引着约翰·罗斯金和威廉·莫里斯（William Morris），它是在田园牧歌文学作品中被一再传颂并被确立为终极理想的天堂乐园。它立足于理想的传统，作为世外桃源，被维吉尔在《牧歌》中歌颂，也被克洛德·洛兰和尼古拉·普桑呈现在画中。它与壮游者所追求的阿卡迪亚理想如出一辙，但面临的状况却大不相同。

　　以罗斯金为首的这批社会改革者所宣扬的主张虽然有些讽刺，但是也很好理解。维多利亚时代晚期的思想家们所塑造的乡村形象，实际上是城市里的居住者按照古代的传统重新创造的，它试图通过维持现状和宣扬田园生活的静美来重新定义英国精神，而非宣扬目

---

　　① 约翰·罗斯金（John Ruskin，1819—1900），英国维多利亚时代的艺术评论家。

的是推动国家经济发展改革的价值观。社会前进的道路被前者占据，而后者要为之让路，这才是更讽刺的事。

结果，整个英国充斥着保守思想，遵守着自古以来的禁欲价值观，导致社会呈现出一种稳定但变化缓慢的局面。而这种虚构的乡村意象反而没有受到经济波动和社会动荡的影响，逐渐具备了精神上的权威，成为英国人的集体认同感。在这种集体身份认同中，完全没有工业化社会的影子。

事实上，牧歌式恬静乡村的意象已经与18、19世纪的乡村所面临的动荡现实相去甚远。绿色的乡村中，圈地运动正在迅速推进，农业革命淘汰了过多的人力，天然资源枯竭造成的田园荒芜一刻不停。即便现实如此，人们对于乡村生活的强烈向往依然如故。因为乡村忠实地呈现出了阶级性的价值观。在田园中生活的理想原本就属于中产阶级和上流阶层，他们尤其渴望过上那种乡村绅士的生活，永远做着这场无法实现的梦。

乡村意象的再造

《乡村生活》杂志不断创造和延续着英国人的田园梦，在这种可被称为"民族意识"的感受力形成过程中添砖加瓦。每期杂志上都刊登着美丽的照片，生动呈现了历史悠久的大家族成员、长满青苔的领主宅邸与园林、跟随季节轮换的自然风光、每天为工作忙碌的农夫，还有住在乡村的绅士们的生活状态。杂志每星期出刊，无论读者随手翻开哪一页，满眼尽是永恒不变的乡村风景。

值得注意的是，杂志所展示的乡村意象在社会上被广泛接受，无论读者属于社会主义者、社会改革派还是保守派。也就是说，对乡村的热爱能跨越意识形态之间的藩篱。拥有完全相反的思想、支持截然不同政策的英国人，超越了工业革命带来的污点，看到同样青翠的英国乡村。社会主义者想象出了纯洁正直的工匠充分发挥所长、在不受时间侵蚀的乡村社会中稳定生活的样子，而保守主义者在心底描绘的则是社会阶级与组织不因社会运动浪潮的冲击而流动的稳定时代。因此，《乡村生活》永不动摇的姿态深深打动了所有关心与热爱乡村的人。更不可思议的是，即使无数次政治上的动荡让这种热爱遭受沉重的打击，却始终未能将其扼杀。

在《乡村生活》杂志创刊的十几年前，1884年的第三次议会改革扩大了选举范围，使农民和采矿工人等下层阶级的劳动者获得了选举权。早在1867年第二次议会改革法案通过时，选民人数就由90万增加到250万，而第三次改革法案通过后，英国的选民总数达到了450万。在这过程中，乡村地区的命运一落千丈。19世纪80年代农业萧条，土地所有阶层的经济实力下滑了。1894年英国开征遗产税，在15年左右时间内税率从8%上升到15%。同时在1909年至1929年对年收入超过5000英镑①的人征收附加税。1910年通过

---

① 另一说法为3000英镑。

的《英国国会法案》极大地限制了上议院的权力，削弱了贵族院的力量。此后不久，第一次世界大战的爆发使乡村面临覆灭的危机。在如此动荡的时代，人们却始终没有放弃对乡村的梦想，说来确实难以置信。不过回溯历史我们就能发现，对田园的欣赏与珍惜之情确实是第一次工业革命以前乡绅的特质，但主要存在于这个阶层中政治生涯不得意的人心中。

随着贵族阶级的没落，乡村别墅成了过去时代遗留的象征。在人们眼中，它就算消失也毫不足惜，甚至应该予以铲除，有不少乡村别墅在这股潮流中消失了。然而，尽管大量历史悠久的乡村别墅不复存在，乡村文化却没有彻底消亡。在商业贸易中发迹的新兴阶层感受到了过去贵族阶级所喜爱的乡村生活所特有的魅力，他们的做法和15世纪以来的那些经商获利的人毫无二致，这些人致富后就在乡村建起别墅，让自己成为乡村绅士。然而，当新时代里土地所有权不再与权力挂钩，事态又会如何发展呢？

走向消亡的乡村 —— 虚构与现实的夹缝之间

在20世纪，乡村生活有两个必要条件。其一是能尽情享受乡村生活的闲暇，其二是从市中心到乡村去的交通工具。从维多利亚时代开始，人们就已经习惯在乡村与海滨度过长假，当时铁路的发展让这种生活方式得以实现。而且，交通手段正从铁路交通向公路交通转变。

1897年，皇家汽车俱乐部 ① 成立了，会员包括4位贵族和85名绅士。只有财力极为雄厚的人才能拥有汽车，和需要巨大开支来维护的马车差不多。1896年，汽车的行驶限速是时速14英里，到1903年时提高到20英里。虽然提升曲线平缓，但限速的提高说明了汽车在普通人中开始变得较为普及。

第一次世界大战爆发前，汽车已经开进了英国的千家万户，深入每个乡村。不过比起汽车所造成的污染，人们因为汽车而天翻地覆的价值观更早地改变了乡村。拥有汽车的新兴阶级买下了乡村中的老房子，把它们改建成小木屋，还带来了很多现代化的生活用品。这群人标榜"简单生活（simple life）"，但实际上，他们的生活却与古已有之的乡村生活方式毫无交集，他们在乡村里追求的不过是体育运动和休闲消遣。

《乡村生活》杂志也经常发表乡村贫民的生活报道，将其视作从17世纪延续下来的历史画面进行研究，读者们用观察昆虫和动植物标本的心态读着这些文字。杂志曾刊发过一篇报道，描写了一位穷困潦倒、病骨支离的赤贫者："乡村的古老习俗、信仰、歌曲和民谣都拥有无与伦比的魅力。当老妇人告诉我，她年轻时村子里守灵会唱什么样的歌时，她发出低低的笑声。我哼唱了几句，老妇人跟着

①　皇家汽车俱乐部（Royal Automobile Club）是英国的私人社交与运动俱乐部，创办时的名称是"大不列颠汽车俱乐部"，因爱德华七世对汽车的爱好而在1907年改名皇家俱乐部，但并非皇家专属。

音乐点着头，用手指敲打着节拍。"文章中看不出她对这位老妇人有一丝一毫的同情。作者把这位卧床不起的老妇人当作是第一次工业革命浪潮来临以前人们的象征。也就是说，她与威廉·吉尔平笔下的丁登寺老妇人一样，都非常能体现"如画美"。

仍然生活在乡村的老一辈人是历史的见证者，他们坚毅、淳朴、值得尊重，在他们身上体现了古老英格兰的价值观 —— 秩序、传统、和谐。《乡村生活》从19世纪90年代开始收集民间故事、歌舞等传统文化，不过那时，这些文化已经几乎绝迹。

这些成为乡村生活方式支柱的传统习俗，正是托马斯·哈代 [1] 在他以牧歌世界为基础所创作的小说中描写的样子。维多利亚时代所谓的"进步意识形态"为了消灭残暴、不道德与迷信的行为，把这些风俗抹杀殆尽，还一并消灭了五朔节 [2] 和收获祭祀仪式。而当时的中产阶级想要借助复兴旧时风俗，恢复虚构的"欢乐英格兰（ Merry [Merrie] England ）"，而工艺美术运动 [3] 在这场民间复兴中发挥了重要作用，人们尝试从工业革命前的手工艺制造中重新发现人的价值。这其中最典型的例子就是服装商人劳拉·阿什雷把工厂从伦敦市中心搬到偏僻的科茨沃尔德乡村地区，并且开始销售手工艺品。

---

[1]　托马斯·哈代（Thomas Hardy，1840—1928），英国诗人、小说家。

[2]　五朔节，欧洲传统民间节日，人们在这个节日祭祀农业相关的神明、庆祝农业收获。

[3]　工艺美术运动（The Arts & Crafts Movement），19世纪下半叶起源于英国的设计改良运动，又称艺术与手工艺运动。

乡村中从事农业、支撑着贵族乡村生活的农夫也被美化了。从第一次世界大战以前开始，农产品就有三分之二可以在市场上销售，即卖给城里人的蔬菜、水果、鸡蛋、牛奶等，这类食品基本上不能催生任何审美意识。尽管《乡村生活》总在展现田园场景，但它实际上对乡村人民的艰难生活并不感兴趣。当时的农村妇女除了干农活，还得洗衣服、做女红补贴家用，而家里的男丁整天在田间劳作，收入依旧微薄。孩子们在收获季节得把学业放在一边，帮家里干活，19世纪70年代颁布的教育法有名无实。然而，就是这样在现实重压下苟延残喘的乡村，城里人的视角却截然不同，他们看不到乡村人民的疾苦，而是把乡村当作打发闲暇时间的地方。他们沉迷于体育运动，这种狂热近乎崇拜，因为体育运动能够完美体现精英阶层的灵魂依托，也就是在公立学校中所培养出来的集体精神。这种精神符合中产阶级的生活纪律：体育所具备的崇尚运动、快速响应和集体感强烈的特性又与阳刚之气联系在一起，使人重视身体能力甚于智力。体育运动的现场从公共学校的运动场移动到了乡村中，无论是新兴阶级还是贵族，上流社会的人都认同这种价值观。可以说，那是一个绅士与业余爱好者的时代。

曾经专属于贵族阶级的狩猎和钓鱼成为新的休闲娱乐活动，与板球、网球、自行车、高尔夫、马球等运动处在一样的地位。但是，只有狩猎和钓鱼最能体现"英国性"。曾经有位猎手环游世界，到欧洲的波黑、南亚的锡兰 ①、东非的索马里兰等地猎杀野生动物，"猎手"出乎意料地成为大英帝国的某种符号。而钓鱼则能严格区分阶级：目的只不过是钓到鱼、随便钓什么都好，这样的"钓鱼"属于社会下层；而上流阶级享受的是以钓上特定鱼种为目标的"休闲垂钓"。

不过，拥有属于自己的赛马才最能体现个人的社会地位，随着铁路的建设发展，赛马可以被运到乡村，由此掀起了一阵骑马热潮。虽然高尔夫也开始成为潮流，但是社会对它尚没有建立普遍性的认知，网球和自行车运动也是这样。

赛艇活动是独一无二的。从乡村到伦敦，城市中心建起了赛艇俱乐部，泰晤士河河畔则船屋林立。在这个时代，雅士谷金杯赛 ②、牛津剑桥赛艇对抗赛 ③、皇家亨利赛艇节 ④、伊顿—哈罗板球对抗赛 ⑤ 都成为年度盛事。周休二日的五天工作制确立，或许是乡村面貌巨变的主要原因，周末的生活方式决定了人们的休闲娱乐活动，到乡下过周末的人因此剧增。

---

① 即今天的斯里兰卡。1802 年斯里兰卡成为英国殖民地，1948 年宣布独立，成为英联邦自治领，定国名为锡兰。1972 年改名为斯里兰卡共和国，1978 年改名为斯里兰卡民主社会主义共和国。

② 英国雅士谷金杯赛，是英国赛马界有名的超长途赛事，每年 6 月在雅士谷马场举行。

③ 牛津剑桥赛艇对抗赛，由英国牛津大学和剑桥大学赛艇社在伦敦泰晤士河上举行。

④ 皇家亨利赛艇节（Henley Royal Regatta），世界知名赛艇大会之一，每年夏天在英国泰晤士河畔亨利镇的河面上举办。

⑤ 伊顿—哈罗板球对抗赛（Eton vs Harrow Cricket Match），英国伊顿公学与哈罗公学间的校际板球对抗赛，是这两所顶级公学的年度盛事。

乡村别墅 —— 逐渐消失的乡村象征

乡村别墅是田园乡村生活的象征。它真实地反映了英国的历史文化，英国人以它为中心，营造了田园牧歌的生活氛围，英国所有历史时期的文化价值都能在乡村别墅里觅见踪迹。乡村别墅在人们心目中的形象似乎总在灿烂的阳光下，在寂静和安逸中任凭时光流逝而岿然不动。从伦敦来的新兴阶级想要买下乡村中的旧宅邸、调查从前宅邸主人的家族情况，想要将传统延续下去，这也是源于乡村别墅的一种怀旧表现。另外，住在别墅里的人无论遭遇怎样的困境都不会锁上宅邸大门，而是为附近的居民的生活提供经济支持，也使人们想要建立以乡村别墅为中心的生活，这种特质也与乡村别墅密不可分。

长久以来，乡村别墅坚决不向时代浪潮靠拢，这一情况在20世纪的最初10年却发生了巨变。许多地主家道中落，无法再负担宅邸和土地庞大的维护费用与税收，乡村别墅的铁壁终于动摇，出现了空心化的现象。很多乡村别墅变成空屋，随时都可能倒塌。此外也有不少被租给体育运动爱好者，依靠这些收入勉力维持。在这个时期，房产广告也开始以新兴阶层的暴发户为目标，开始使用"适于狩猎""低价出售"等话术。乡村别墅曾经拥有与教会差不多的影响力，也曾是地区的经济核心，但现在这些过去的痕迹都不见踪影了。渐渐地，"乡村别墅"仅仅只能象征新兴中产阶级的社会地位，变成了"乡下的房产"。

《乡村生活》杂志的立场也有些尴尬，杂志的主要营收来源是广告，而这些广告内容有很多都是乡村别墅买卖。杂志上的文章赞扬乡村别墅体现了"古老的旧英格兰精神"，和促销及转卖别墅的广告搭配，这倒是相当合适的"商业联姻"。

正当乡村别墅面临存亡危机的时候，出现了一个奇怪的现象——中产阶级开始大规模修建小型的乡村别墅了。英国国内自不必说，这股风甚至刮到了加拿大。人们探索着都铎王朝、詹姆斯一世时期①和乔治时代②的建筑风格，小规模的乡村别墅如雨后春笋般大量落成。被传统所吸引的业主们在建造房屋时，特意将它设计得与周围环境融为一体，由此创造出了新的景观。他们还雇佣少量的仆人，刺激了当地经济。用今天的眼光来看，这一时期建造的小型乡村别墅风格房屋充满了感性，是满足最低限度现代生活的杰作。屋子里会有好几间浴室，配备了完善的电器以及中央暖气和车库，有的人家甚至在庭院里造了游泳池。这些建筑的风格与克里斯托弗·雷恩爵士③的设计极为相似，因此被称为"雷

---

①　詹姆斯一世时期（Jacobean era），英国和苏格兰历史时期，在伊丽莎白时代之后。"詹姆斯一世"一词通常用于代表该时期詹姆斯一世建筑、视觉艺术和文学的独特风格。

②　乔治时代（Georgian era），英国汉诺威王朝1714年至1837年的一段时期，即乔治一世、乔治二世、乔治三世和乔治四世连续在位时间，其中1811年至1820年又称为摄政时期。

③　克里斯托弗·雷恩爵士（Sir Christopher Michael Wren，1632—1723），英国天文学家，同时是伦敦建筑史上最重要的建筑师之一。著名建筑包括伦敦的地标建筑圣保罗大教堂、格林威治皇家天文台等，他也是英国皇家学会的共同创办人。

恩复兴式（Wrenaissance）①"风格。总之，它们充满了对希腊审美品位回归的鼓励。这不正是壮游留下的遗产吗？

不用说，屋子的室内装饰也体现了这样的爱好，用古老橡木制成的家具营造出让人心情平静的氛围，阳光射进屋子里的每扇窗户，照得黄铜扶手闪闪发光，墙壁上色彩沉稳的挂毯呈现出精妙的色调。室内设计由此诞生，它实践着当时流行的工艺美术运动的理念。威廉·莫里斯工坊生产的布料被用在装饰上，那些图案让房间充满了中世纪的平静。而且，只要去伦敦的百货商店梅普尔，就能看到货架上摆满室内装饰品，从正品到复制品应有尽有。也就是说，伦敦的城市中心变成了乡村。

战时阿卡迪亚

第一次世界大战开战后不久，《乡村生活》的内容就彻底改变了。在1914年8月15日的杂志上，编辑部号召上流社会的人们"节衣缩食"，整本杂志上刊登了各种与备战有关的内容，从如何集中马匹、步枪俱乐部的训练、前线水手心得，到在树篱中种植蔬果的方法和粮食补给方面的实践性建议，只要战事仍在继续，杂志就会不断刊登相关报道。战争让乡村笼上了一层厚重的阴影。

《乡村生活》大幅减少了介绍时令乡村美景的图片和报道，它不

---

① 由"Wren"和"Renaissance"组合而成，是20世纪初流行于英国的巴洛克式文艺复兴建筑风格。

遗余力地谴责德国军队的暴虐与野蛮，并且附上了在炮火中饱受蹂躏的教堂、城镇和乡村的照片。不过，关于园林的内容在杂志中被保留下来，它们能为无法回避的残酷现实提供一些平衡。杂志中也依然有很多乡村的照片，但这些照片上的乡村并未笼罩在战争阴霾下。这种以展现乡村形象来激励爱国情怀的编辑方针，后来人们不得不进行深刻反思。

许多文学创作者运用乡村的意象将英格兰神话化，例如，诗人E.V. 卢卡斯 ① 毫不掩饰地高歌 ——"啊，英格兰，树篱连绵、尖塔耸立的乡村是我心渴望的故国"，诗句强有力地反映着他内心的振奋之情。卢卡斯擅长散文写作，是歌颂都市的典型作家，所以更对乡村抱有强烈的憧憬。

乡村形象的作用虽无形却最有凝聚力，它暗示英国人必须保卫故乡可爱的森林、溪流、村落和居住在那里的女性，不让他们落入德军之手。维吉尔的《牧歌》曾被反复引用为战时宣传材料，世界大战期间，历史重演。即使现实中只有百分之二十的国民在乡村劳作，但人们强烈的爱国情感却被意识中潜藏的乡村形象激发出来。这一形象随着战事的发展被进一步强化，一切能让人联想起乡村的意象 —— 巨大的庄园、中世纪的教堂、植物郁郁葱葱的丘陵地带 —— 都成为英国的象征，因其永世长存的价值而被

---

① 爱德华·弗罗尔·卢卡斯（Edward Verrall Lucas，1868—1938），英国幽默作家、散文家、剧作家、传记作家、出版商、诗人、小说家和编辑。

歌颂。

战事越是激烈，宁静的乡村景象在人们心中就变得越重要，并与爱国情绪融为一体。在战火纷飞的前线，年轻的诗人鲁珀特·布鲁克（Rupert Brooke，1887—1915）不幸去世，使人们极为震惊。他在诗作里歌颂的乡村景致与爱国主义精神一同永垂不朽。

于战火中歌颂乡村

鲁珀特·布鲁克从军之后，加里波利之战前，在船上被蚊子叮了嘴唇，死于败血症。作为战争诗人，他作品中对和平年代英国的回忆被广泛传播。他的诗作《士兵》（*The Soldier*，1914）是20世纪的十四行诗中最广为传颂的一首。"如果我战死，希望你这样想 / 在异国他乡的战场角落也有永恒的英国"，这首诗将英国人的爱国心与乡村联结在一起。

布鲁克居住的剑桥近郊格兰切斯特村是个历史悠久的村庄，在质朴中凝聚着英格兰之美，在那里，农业文化依然维持着原有的面貌，简直就是英国的世外桃源。布鲁克把他的怀乡诗情倾注在这个村子里，希望永远留住英格兰的乡村。他写下了《格兰切斯特的牧师老宅》（*The Old Vicarage, Grantchester*）一诗，开头注记是"1912年5月于柏林的韦斯顿咖啡馆"。这首诗原封不动地呈现了阿卡迪亚的美丽与哀怆。"在我的小房子前面，丁香花想必刚刚盛开，花坛里的康乃馨和石竹花正在微笑"，诗歌的开头仿佛漫不经心地描述着屋前的小花，渐渐地进入反复的吟诵："如果现在我能在格兰切斯特、格兰切斯特……"殷切的乡愁溢于言表。"现代人在草地的阴影中/窥见半人半兽神/感到经典文学并未消亡"这一段，显然与维吉尔的牧歌世界是相通的。美丽小村庄"格兰切斯特"的名字被一再重复，在战地士兵的嘴唇上跃动着，他的脑海中萦绕的只有乡村之美——

> ……终日
>
> 躺着遥望剑桥的天空
>
> 在困意朦胧的草地上，睡在花朵的簇拥中
>
> 听着时间平静地流逝
>
> 直到世纪与世纪彼此交融
>
> 在格兰切斯特 在格兰切斯特

并不是所有在第一次世界大战中阵亡的士兵心中都一心只想着为国捐躯、立下战功。他们的心里还充斥着年轻人特有的种种不可名状的情感——爱情、死亡、痛苦，最终这一切都汇聚成一个词语——"英格兰"。在"美丽的英格兰"这个词组中，乡村和爱国心同时存在。

在此容我介绍战时的《乡村生活》如何激励了英国人的爱国情

感。几乎每期杂志上都请求读者："请把最近一期的本刊送往前线。"这些杂志甚至不需要包装，只要写上姓名和地址，投进最近的邮筒就能免费寄到战区。满是泥泞的战壕中，军人们争相阅读，《乡村生活》因此成为军官阶级最喜欢的读物。一位士兵写信给故乡的父亲，表达自己对它的喜爱之情："收到《乡村生活》真让人高兴得不得了，有时候被耽搁了，没法及时看上，我就会很失望。让人头疼的是，因为反复传阅，它很快就破破烂烂的了。"

第一次世界大战敲响了文明的警钟，也意味着上流社会的人们过去的日子一去不复返了。1914 年 8 月 22 日，德文郡公爵在伦敦的府邸成为红十字的总部，充分展示了贵族的应战姿态，赢得了国民的极大尊敬。德文郡公爵夫人身穿白衣、戴着红十字袖章辛勤工作的身姿深深打动了英国人民。《乡村生活》也详细介绍了如何将乡村别墅改造为医院。把伦敦近郊的大宅邸改造成医院、把乡村别墅提供给部队使用，这都被认为是临时性的措施。但是，却无疑让人民心中萌生了真切的爱国之心。在强烈的爱国情感的鼓舞下，志愿参军的人们蜂拥而至。贵族的热烈呼吁也有同等的力量。"战争爆发后不久，德比伯爵就招募了数以万计的新兵。伯爵的影响力遍及全国，尤其是在他领地所在的利物浦，更是一呼百应。士兵们源源不断地前来报名入伍……"这是 1915 年 7 月 24 日《乡村生活》上的记述。

土地转让 —— 乡村的解体

第一次世界大战期间，英国的土地转手量在1917年达到顶峰，随着战争结束又戛然而止。即便如此，还是有很多引人注意的土地被转手，比如，德斯伯勒男爵3000英亩的潘尚格领地、伦敦郊外贝德福德郡奥克利的2000英亩领地、斯塔福德郡奥尔顿庄园的7000英亩土地，还有萨瑟兰伯爵大约23.8万英亩的领地等等。受冲击最大的地主阶级是下层地主，也就是乡绅。

从1918年开始的22年间，全国有四分之一的土地易手，落入各种各样的人手中。这显然是一场社会革命，它切断了人们历经数百年才在乡村中建立起来的人际关系纽带。大规模转让土地的主要原因可能是税收负担和收入减少，不过没有生产力的土地也只不过是累赘。在此提请读者留意当时的社会背景，土地所有权不再是社会特权的一种，权力和金钱的力量远比土地所有权更强大。不再从事农业生产的人越来越多，这更加速了土地出售的速度。只不过很多时候，新的主人也无法适应乡村的工作，立刻就又将土地脱手了。

这场土地所有制的剧变是在普通人毫无察觉的情况下进行的沉默革命。因此，英国人民认为，在历史上英国的统一状态从未间断，从前坚守着代表了繁荣富足的"欢乐英格兰"观念，而国家的未来也依然会富强昌盛。人们相信："500年前的英国就是光辉的'欢乐英格兰'了，在战后人民也将延续这样的传统顽强地生活下去。"也就是说，世界大战也只给欢乐英格兰蒙上了一点点阴影。

欢乐英格兰的概念与阿卡迪亚很相似，如果现实呈现给人们的只有逆境的痛苦，那么生活在任何时代的人都会回顾过去的幸福时光，现在有多悲惨，过去就显得有多辉煌。那么，就将当下的痛苦抛到脑后，重温欢乐英格兰的往昔吧。从中世纪开始，"欢乐英格兰"就被人们反复使用，难怪诗人华兹华斯也写过："从前，人们称汝为欢乐英格兰。"从词源上看，"Merry"其实原本并没有"愉快"和"幸福"的含义，但是从大约15世纪开始，这个词就带上了庆典的意味。它的意义范围逐渐扩大，开始与繁荣、富饶相关联，从对平静祥和心境的形容到将庆祝节日的情感色彩加入其中。"圣诞快乐（Merry Christmas）"中的"merry"就是最典型的例子。

还有很重要的一点，欢乐英格兰受到了中世纪传说的影响。例如，国王和公主会坐在绿荫下，让他们的侍从给打扮成罗宾汉样子的弓箭手送上葡萄酒和鹿肉。这种乡村中进行的娱乐活动蕴含着牧歌般的力量，甚至让高傲的安托瓦内特王后也愿意打扮成牧羊女。"欢乐英格兰"有一种令人心潮澎湃的魅力，能让人忆起往昔的世外桃源。这一形象通过歌曲、故事和民间传说的形式烙印在人们心中，没有什么其他形象比它更能引起人们的联想与共鸣了。英国的乡村形象在这些过程中，与阿卡迪亚的神话一起得到了持续性的强化。

　　20世纪80年代，乡村面临着前所未有的消亡危机。因为维持着乡村生活方式的特权精英阶层正在消失，《乡村生活》也因为无法吸引新的读者群体而不得不改版。关于乡村生活和园林的报道大幅减少，取而代之的是关于体育和时尚的报道。时尚板块的目标读者群体年龄层降到了40岁以下，当杂志上出现男性时尚专题的时候，老读者们难以掩饰自己的惊诧。此外还有大量篇幅用于介绍广播、电视节目和电影评论。杂志上还出现了这样一种略带揶揄的论调："我国是全世界唯一一个认为在乡村生活代表着更高社会地位的国家。"

　　然而，比起杂志的内容，现实中的乡村更不令人乐观，五分之四的森林已经消失，五分之四的牧场变成了耕地，休闲产业的魔爪一刻不停地侵蚀着乡村。虽然乡村自然景观能够治愈人类精神的说法有着悠久的历史，但现实和理想的斗争想必在今后也还会持续下去。

新时代的乡村图景

　　1987年发行的《乡村生活》90周年纪念版上刊登了一篇具有里程碑意义的文章，重申乡村是英国文化与文明的基石。"在整个西欧世界，除了英国以外就没有哪个国家能有这么一本包罗万象的杂志了，它囊括了各类文艺领域——艺术、音乐、戏剧……并且，这些内容是被呈现在乡村而非城市背景之下的。英国文化的核心是乡村。英国文化与法国、德国、意大利等国的文化最大的不同之处在于，英国文化的精神中心和情感基础不在城市，而在乡村。"不过，从20世纪90年代末开始，《乡村生活》的编辑方针又产生了变化，那些大肆渲染、强调、传播"英国性"的照片与宣扬英国例外性的文章论调都已不见踪影。

英国蜕变成了多元文化主义的国家，复合而相对化的价值观在国民心中开始占据主导地位。在多元文化主义的现实面前，人们又将开始反复叩问"英国性"的定义。到了那时，人们是否会再回到意识中营造出的乡村呢？即使它已不再是曾经的阿卡迪亚。

学术文库版后记 ——"旅行文化的创造"

2006年6月，我结束了在伯明翰大学的研究发表，眺望着在山间流淌的瓦伊河，在瓦伊河畔海伊①漫步。在一家旧书店里，我看到了堆积如山的《乡村生活》杂志。我买下了几本，沉浸在书中的威尔士氛围里。在那个瞬间，"壮游""如画美""阿卡迪亚"这几个词交织在一起，成为某种启示，本书也是在那时萌芽的。

在2007年出版单行本之后，至今已经超过10年了。很幸运的是，这本书得到了许多读者青睐，他们也给了我各种各样的反馈。有的读者怀揣本书走遍了英国，有的读者参考它为大学入学考试出题，还有电视台的旅游节目拿它当参考书。这些事大大超出了我原本的视野，非常让人惊讶。借这次被收入"讲谈社学术文库"的机会，我想在此简短地就本书创作的契机和一些新发现，还有我的感

---

① 瓦伊河畔海伊（Hay-on-Wye），简称海伊，是位于英国威尔士的一座城镇，以书店闻名。这里有众多销售专门类书籍和二手书的书店，因此被称为"威尔士书都"。

想做一些说明。

如前所述，本书以旅行文化为主轴，是在我自己的旅行中诞生的。我有幸看到了 1996 年 10 月 10 日起在泰特画廊举办的"壮游展"。这次展览的主办方并非一家单位。它是由壮游出发地英国的伦敦泰特美术馆与壮游目的地意大利的罗马美术馆"展览宫"①共同举办的，内容非常充实。展览分为九个部分，以三维方式立体展示了壮游的多个方面，让游客们重温旅程，体会到"我在阿卡迪亚"。我先介绍一下展览的情况吧。

"壮游展"的第一间展厅主题是"启程的准备"。展出作品里包括加斯帕尔·迪盖 ② 的《蒂沃利风景》（1670），画面上丘陵对面的蒂沃利地境上点画着圆形的灶神庙，罗马的远景正是阿卡迪亚的无上幸福。也就是说，还没见过的憧憬之地被理想化了。不用说，看到这幅作品的我，心情也很雀跃。

提到壮游，往往都会联想到艺术方面的学习交流。但这次展览让我了解到，除了王公贵族之外也有很多政治家参加壮游。因为当时的意大利不是一个统一的国家，所以王公贵族和政治家们可以仔细探究沿途经过的国家的政治与体制。

作为贸易中心的威尼斯正在逐渐衰落，而古都罗马和梵蒂冈一

---

① 展览宫（Palazzo delle Esposizioni），意大利罗马的一座展览馆，新古典主义建筑风格。

② 加斯帕尔·迪盖（Gaspard Dughet，1615—1675），法国画家，出生于罗马。曾向尼古拉·普桑学画。他专攻罗马平原风景画，与他同时代的萨尔瓦托·罗萨齐名。他的风格也影响了英国风景画和园林设计。

起成为基督教的中心城市而变得繁荣。那不勒斯成为哈布斯堡君主等政权的殖民地——18世纪的意大利是这样一个活生生的政治现场，是"活的历史"。同时，那不勒斯近郊的庞贝和赫库兰尼姆古城的发掘，重现了罗马文明的盛景。而对帕埃斯图姆、西西里的塞杰斯塔 ① 进行的考古调查则使古希腊的城市遗迹重见天日，那时候正适合培养对古代经典设计的爱好和品味，也就是说，当时的壮游参与者甚至能够体验到曾被掩埋的过去在当时甦生的瞬间。

最后一个展厅陈列的是文物，展示的物品包罗万象，从描绘古代遗迹的铭牌、素瓷雕像、画着旅行过的城市的扇子到多彩宝石浮雕工艺品，其中都凝聚着人们对旅行的愿望。这让我想起了霍勒斯·沃波尔参加壮游时曾说过"要是能买的话，我连斗兽场都想买"这样的话，可见他的渴望程度。

不知为何，这个展厅还展出了画家威廉·透纳在年轻时所画的《阿佛纳斯湖》(*Aeneas and the Sibyl, Lake Avernus*，1798)。这幅画参考理查德·科尔特·霍尔爵士的素描，描绘了维吉尔《埃涅阿斯纪》(*The Aeneid*)的世界，也就是说，这幅画诞生的原因正是壮游文化。我不知道为什么这种程度的画作会和当地旅游纪念品摆在一起展示，甚至在想它是不是应该被放在其他展厅。然而，这幅画旁边的说明牌写着："威廉·透纳谢绝了埃尔金伯爵赴希腊旅行的邀

---

① 塞杰斯塔（Segesta），西西里岛上历史悠久的名城。

请，独自绘制完成。"也就是说，它是画家脱离了赞助人的帮助下，自己创作完成的。这件事体现了浪漫主义的黎明 —— 浪漫主义的目标是艺术家告别贵族赞助，作品进入市场，自力更生。而且，它创作的时期，正值拿破仑入侵意大利，壮游迎来终结之际 —— 果然是适合这个展厅的陈列。

本书第一章提到了画家佐法尼和他的《乌菲兹美术馆收藏室》，在这幅巨作中他描绘了从英国前往意大利的壮游者群像。而我内心始终怀着一个悬而未决的问题：为什么佐法尼能画出这样的画？2012 年 6 月我参观了伦敦皇家艺术学院举行的佐法尼展，了解了佐法尼其人，疑问也烟消云散。

佐法尼出生于德国的法兰克福，曾经跟随在意大利学习过的巴洛克画家马丁·施佩尔（Martin Speer）钻研绘画。17 岁时，佐法尼决定和老师一样，去罗马学习绘画，但他决定徒步前往罗马。沿途进行各种观察，并留存在了速写上。

在意大利逗留期间，他定居在罗马，但也频繁前往那不勒斯与威尼斯，国际化的特质逐渐体现在他身上。佐法尼在罗马师从阿戈斯蒂诺·马苏奇（Agostino Masucci，1691—1758）。马苏奇是一位桃李满园的著名画家。连英国的壮游者竞相请来为自己画肖像的蓬佩奥·巴托尼也是他的弟子。在罗马这座欧洲各地艺术家云集的中心城市里，佐法尼和大家进行了种种交流。尽管他不会说英语，但当他抵达英国时已经出名了。原来佐法尼也是壮游者，正是这段经历造就了《乌菲兹美术馆收藏室》。

如此，以"壮游"为出发点，我的兴趣与好奇之旅还将继续。现在，我再次感受到了旅行的奇妙。我们为了追寻未知而启程，却总是在发现自己的内心。

2020年4月

中岛俊郎

参考文献

本书执笔时所引用、参考的文献列举如下。

第一章里壮游相关内容的参考来源，首先要提到1996年11月在泰特美术馆（伦敦）举办的壮游展目录 A.Wilton and I. Bignamini eds., *Grand Tour: The Lure of Italy in the Eighteenth Century* (Tate Gallery Publishing, 1996)。目录的结尾列举了600多项参考文献，使我们重新认识到壮游是跨学科的研究平台。2000年在费城美术馆举办的"18世纪罗马艺术展"的目录 E. P. Bowron and J. J. Rishel eds., *Art in Rome in the Eighteenth Century*（London: Merrell in Association with Philadelphia Museum of Art, 2000）也对该章提供了启发。

关于牧歌的传统，详见 R. Cafritz, L. Gowing and D. Rosand eds., *Places of Delight The Pastoral Landscape*（The Phillips Collection, 1988）。

关于第二章如画之旅，首先必须提到的参考文献是 Simon Schama, *Landscape and Memory*（Harper Collins, 1995）。最近该书在日本出版了优秀的译本——《风景与记忆》（西蒙·夏马著，高山宏、栂正行译，河出书房新社2005年出版），第九章《阿卡迪亚的重现》是必读内容。本书中关于威廉·吉尔平内容的参考来源是 C. P. Barbier, *William Gilpin*：*His Drawings*，*Teaching*，*and Theory of the Picturesque*（Oxford Univ. Pr., 1963）。有关如画美学的文献，C. Hussey, *The Picturesque: Studies in a Point of View* (G. P. Putnam's Sons, 1927) 是一部至今仍有高度参考价值的研究著作，而 D. Watkin, *The English Vision: The Picturesque in Architecture, Landscape and Garden Design* (John Murray, 1982) 能够对前书做出补充。

第三章徒步旅行的相关文献，包括 R. Jarvis, *Romantic Writing and Pedestrian Travel* (Macmillan, 1997) 以及 A. D. Wallace., *Walking, Literature, and English Culture: The Origins and Uses of Peripatetic in the Nineteenth Century* (Oxford Univ. Pr., 1993)。两书内容相辅相成，是徒步旅行研究的必读书。

第四章伦敦之旅相关的内容，参考了1992年伦敦博物馆举办的展览目录 C. Fox ed., *London—World City 1800—1840* (Yale Univ. Pr., 1992)。该书内容详实、插图丰富，为读者展示了国际大都市伦敦的全貌。此外，S. O'Connell, *London 1753* (The British Museum Press, 2003) 也提供了有益的视角。罗伯特·骚塞的《英国通信》（全三卷）收于松村昌家编辑出版的《19世纪初伦敦和英国漫游探访记》（全八卷，欧雷卡出版社2005年版）中。另外，19世纪初的文化史参考了 R. D. Altick, *The English Common Reader: A Social History of the Mass Reading Public, 1800—1900* (Ohio State Univ. Pr., 1998［1957］)。

最后一章是《乡村生活》杂志的出版文化史，在此需要特别指出，R. Strong, *Country Life 1897—1997: The English Arcadia* (Country Life Books, 1996) 为本章提供了重要的参考。

此外关于18世纪的旅文化，E. A. Bohls and L. Duncan eds., *Travel Writing 1700—1830: An Anthology* (Oxford World's Classics, 2005) 为我们提供了完整的图景。还有 K. Thomas, *Man and the Natural World: Changing Attitudes in England 1500—1800* (Allen Lane, 1983)(《人与自然界——近代英国自然观的变迁》基思·托马斯著，山内昶监译，中岛俊郎、山内彰译，法政大学出版社1988年版)从感性史的角度对旅文化进行了探讨。有关乡村的文化史，O. Rackham, *The Illustrated History of the Countryside* (Weidenfeld & Nicolson, 2003) 是相当具有启发性的参考著作。

本书的概要内容，2006年5月23日在甲南大学公开讲座"旅行的十字路口"中"18世纪英国旅文化诸相"中公开发表过，在此，向给予我宝贵意见的听众们致谢。本书第三章曾以《徒步主义的诸相》为题发表在《甲南大学纪要·文学篇140》上；第四章作为《19世纪初伦敦和英国漫游探访记》的"日语解说"副刊首次发表。在本书中，这两章内容都进行了大幅度扩充和修订。

此外，本书虽然使用了刊行于世的作品译文，但由于需要照顾前后行文，有不少译文经过改动，在此谨向先贤致谢。

最后想告诉读者，关于货币换算，在"Purchasing Power of British Pounds from 1270 to Present"网站（https://www.measuringworth.com/calculators/ppoweruk/）上输入年份和金额，就能显示当前的货币价值。读者可以参考该网站，立即看到本书提及的货币金额与现在的对照情况。

插图来源

图 1 M. Dorothy George. *Hogarth to Cruikshank: Social Change in Graphic Satire* (Allen Lane, 1967), p. 145.

图 2 A.Wilton and I. Bignamini eds., *Grand Tour: The Lure of Italy in the Eighteenth Century* (Tate Gallery Publishing, 1996), p. 217.

图 3 T. Coryate, *Travailer for the English Wits: Greeting from the Court of the Great Mogul* (W. Haggard and H. Fetherston. 1616), title-page.

图 4 P. Brydone, *A Tour through Sicily and Malta* (J. G. A. Stoupe, 1780), title-page.

图 5 A. Wilton and I. Bignamini eds., *op. cit.* p. 136.

图 6 *Ibid.*, p. 135.

图 7 C. Chard and H. Langdon eds., *Transports: Travel, Pleasure, and Imaginative Geography, 1600-1830* (Yale Univ. Pr., 1996), p. 128.

图 8 R. Godfrey, *James Gillray: The Art of Caricature* (Tate Gallery

Pub*lishing*, 2001), p. 194 .

图 9 *Ibid.*, p. 192 .

图 10 William Blake, "Pastorals of Virgil" [1821] in R. Cafritz, L. Gowing and D. Rosand eds., *Places of Delight: The Pastoral Landscape* (The Phillips Collection, 1988), p. 190 .

图 11 M. R. Brownell, *Alexander Pope and the Arts of Georgian England* (Oxford Univ. Pr., 1978), p. 153 .

图 12 T. Bewick, "The Departure" [1804] in *Poems by Goldsmith and Parnell* (W. Bulmer, 1805), p. 39 .

图 13 P. Bicknell, *The Discovery of the Lake District 1750-1810: A Context for Wordsworth* (The Trustees of Dove Cottage, 1982), p. 12 .

图 14 P. Benson ed. *My Dearest Betsy: A Self-Portrait of William Gilpin 1757-1848 Schoolmaster and Parson from his Letters and Notebooks* (D. Dobson, 1981), p. 60 .

图 15 W. Gilpin, *Observations, Relative Chiefly to Picturesque Beauty, Made in the Year 1776, on Several Parts of Great Britain; Particularly the High-Lands of Scotland* (Blamire, 1789), Ⅱ , p. 181 .

图 16 C. Fox ed, *London—World City 1800-1840* (Yale Univ. Pr., 1992), p. 342 .

图 17 W. Combe, *The First Tour of Doctor Syntax in Search of the Picturesque; A Poem with Illustrations by T. Rowlandson* (Ackermann, 1812), p. 108 .

图 18 *Ibid.*, p. 12.

图 19 *Ibid.*, p. 70.

图 20 *Ibid.*, title-page.

图 21 T. D. Fosbroke, *The Wye Tour, or Gilpin on the Wye, with Picturesque Additions* (W. Farror, 1818), title-page.

图 22 Sylvanus [W. M. Thackeray], *Pedestrian and Other Reminiscences at Home and Abroad: with Sketches of Country Life* (Longman, 1846), frontispiece.

图 23 C. Turner, *William Kitchener* (1827, National Portrait Gallery).

图 *24* H. Mitchelson, "Portrait of James Plumptre" in I. Ousby ed., *James Plumptre's Britain: The Journals of a Tourist in the 1790s* (Hutchinson, 1992), back-cover.

图 25 *Ibid.*, p. 51.

图 26 Unknown Artist, *Silhouette* (cir. 1810 - 1823, National Portrait Gallery, London.

图 27 *The Life of John Metcalf, Blind Jack of Knaresborough* (Peck, 1795), frontispiece.

图 28 *The Discovery of the Lake District* (Victoria & Albert Museum, 1984), p. 115.

图 29 R. L. Stevenson, *Travels with a Donkey in the Cevennes* (Kegan Paul, 1879), frontispiece.

图 30 J. Bunyan, *The Pilgrim's Progress* (Oxford World's Classics, 2003), frontispiece.

图 31 B. Blackmantle, *The English Spy* (Sherwood. 1825-26), I , frontispiece.

图 32 P. Vandyke, *Robert Southey* (1795 , National Portrait Gallery).

图 33 R. Southey, J. Steel ed., *Mr. Rowlandson's England* (Antique Collectors' Club, 1985), p. 21 .

图 34 R. Strong, *Country Life 1897-1997: The English Arcadia* (Country Life Books, 1996), p. 215 .

图 35 *Ibid.*, p. 88 .

图 36 D. Watkin, *The English Vision: The Picturesque in Architecture, Landscape and Garden Design* (John Murray, 1982), frontispiece.